자연과 친해지는 사계절 자연 빙고

합본 개정판

(사)자연의벗연구소 기획 | 오창길 글 | 소노수정 그림

뜨인돌어린이

차례

이 책을 펼친 독자들에게 드리는 글 • 6
이 책을 활용하는 방법 • 8
여는 만화_예린이랑 알꼬마랑 • 10

걸음마 빙고 한 번은 그림 따라 한 번은 내 맘대로

들꽃 빙고 • 16	내가 만드는 들꽃 빙고 • 17	곤충 빙고 • 18
내가 만드는 곤충 빙고 • 19	나무 빙고 ① • 20	내가 만드는 나무 빙고 • 21
나뭇잎 빙고 • 22	내가 만드는 나뭇잎 빙고 • 23	나무 열매 빙고 • 24
내가 만드는 나무 열매 빙고 • 25	노란색 빙고 • 26	내가 만드는 노란색 빙고 • 27
단풍잎 빙고 • 28	내가 만드는 단풍잎 빙고 • 29	겨울 빙고 • 30
내가 만드는 겨울 빙고 • 31	물새 빙고 • 32	내가 만드는 물새 빙고 • 33
연못 빙고 • 34	내가 만드는 연못 빙고 • 35	갯벌 빙고 • 36
내가 만드는 갯벌 빙고 • 37	텃밭 빙고 • 38	내가 만드는 텃밭 빙고 • 39
색깔 찾기 빙고 • 40	내가 찾은 색깔 빙고 • 41	동물원 빙고 • 42
도형 빙고 • 43	한글 자음 빙고 • 44	영어 빙고 • 45

뜀박질 빙고 숲도 들판도 우리의 놀이터

봄을 알리는 나무 빙고 • 48	침엽수 빙고 • 49	집 주변 새 빙고 • 50
보호색 빙고 • 51	보금자리 빙고 • 52	숫자 모양 빙고 • 53
민들레 빙고 • 54	참새 빙고 • 55	개미 빙고 • 56
흔적 빙고 • 57	자연놀이 빙고 • 58	작고 작은 빙고 • 60
길이 빙고 • 61	뒹굴뒹굴 빙고 • 62	밤의 자연 빙고 • 63
나비 빙고 • 64	수액과 곤충 빙고 • 65	자연의 소리 빙고 • 66
자연의 소리 빙고 • 66	자연의 냄새 빙고 • 67	자연의 촉감 빙고 • 68
자연의 냄새 빙고 • 67	자연의 촉감 빙고 • 68	자연의 맛 빙고 • 69
해넘이 빙고 • 70	쓰레기 빙고 • 71	숲의 생활 빙고 • 72

나무 빙고 ② • 73 자갈 빙고 • 74 강변 빙고 • 75
꽃집 빙고 • 76 채소 빙고 • 77 어시장 빙고 • 78
버스에서 본 풍경 빙고 • 79 서울숲 빙고 • 80 언제 어디서나 빙고 ① • 81
언제 어디서나 빙고 ② • 82

알쏭달쏭 자연 퀴즈 누가 누가 잘 풀까?

참나무 6형제 퀴즈 • 84 나무 퀴즈 • 86 겨울눈 연결하기 • 88
새 부리 특징 찾기 • 89 우리 고장을 상징하는 새는? • 90 야생동물 발자국을 찾아라! • 91
저어새 얼굴 찾기 • 92 두루미 얼굴 찾기 • 94 낱말 퍼즐 • 96

날갯짓 빙고 도전! 빙고의 달인

들꽃 빙고 • 98 곤충 빙고 • 99 나뭇잎 빙고 • 100
열매 빙고 • 101 물새 빙고 • 102 갯벌 빙고 • 103

내가 색칠하는 나뭇잎과 그루터기 • 104
내가 색칠하는 거미와 잠자리 • 105
내가 색칠하는 꽃과 나비 • 106
내가 색칠하는 기린 • 107

빙고 수업안 1 들꽃과 만나요! • 108
빙고 수업안 2 갯벌에서 놀아요! • 110

퀴즈 정답 • 112
찾아보기 • 114

이 책을 펼친 독자들에게 드리는 글

어린이들에게

　선생님이 어렸을 적에는 학교 수업이 끝나면 해가 떨어질 때까지 하루 종일 밖에서 친구들과 놀았어요. 집 주변의 산과 강과 들판이 모두 우리의 놀이터였지요. 봄에는 새로 피어나는 예쁜 들꽃들이, 여름에는 쉬지 않고 울어 대는 개구리와 풀벌레들이, 가을에는 울긋불긋 화려한 단풍잎들이, 겨울에는 새하얀 눈과 얼음판이 우릴 불러내곤 했어요.
　그렇게 하루 종일 뛰어다니다가 지치면 풀을 뜯어서 반지나 왕관을 만들기도 하고 친구들끼리 재미있는 놀이도 함께했어요. 지금과는 달리 비싼 장난감도 없고 게임기도 없던 시절이었지만, 자연의 모든 것들이 훌륭한 장난감이고 놀이터여서 언제나 시간 가는 줄을 몰랐답니다.
　여러분들 역시 『자연과 친해지는 사계절 자연 빙고』를 통해서 자연과 좋은 친구가 되면 좋겠어요. 그러다 보면 그동안 무심히 지나쳤던 자연 현상들에 대한 호기심과 관찰력이 하루가 다르게 쑥쑥 자라날 거예요. 곤충기로 유명한 파브르, 만유인력의 법칙을 발견한 뉴턴, 갈라파고스 섬에서 진화론을 생각해 낸 다윈 등은 모두 남다른 호기심과 관찰력 덕분에 위대한 과학자가 될 수 있었지요. 화가, 음악가, 디자이너 같은 예술가들 중에도 자연에서 얻은 아이디어를 갈고 다듬어서 멋진 작품을 만들어 낸 사람들이 많다는 걸 꼭 기억하세요.
　이렇듯 자연은 친구인 동시에 선생님이랍니다. 자연 속에서 놀며 배우는 여러분들에게 이 책이 좋은 길잡이가 되길 바랄게요.

부모님들과 선생님들에게

『자연과 친해지는 사계절 자연 빙고』는 어린이들에게 자연이라는 보물 창고를 되돌려 주기 위해 만든 책입니다.

학교 다니랴 학원 다니랴 숙제하랴 정신없이 바쁜 아이들에게 자연은 삶과 동떨어진 '체험학습 공간'에 불과합니다. 하지만 어린이들의 공통 언어인 '놀이'가 곁들여지면 상황은 전혀 달라집니다. 다양한 자연물들과 자연 현상들에 대해 저절로 흥미가 생기고, 자연에 대한 이해와 생태적 감수성이 말 그대로 '자연스럽게' 향상됩니다.

이 개정판에는 『놀면서 배우는 사계절 자연 빙고』와 『꼬꼬마를 위한 사계절 자연 빙고(유치원용)』에 실려 있던 내용들 중에서 어린이들이 특히 좋아하는 70여 개의 빙고가 수록되어 있습니다. 초판 발행 이후 10년간 자연교육 현장에서 널리 활용되고 검증된 놀이들입니다.

자연 빙고는 일부러 먼 곳으로 떠나지 않고도 쉽게 할 수 있습니다. 아파트 화단, 공원, 학교, 뒷동산, 개울가 등등, 생명들이 숨 쉬는 모든 곳이 빙고의 무대입니다. 바로 지금, 가장 가까운 곳에서, 사랑하는 아이들에게 자연과 교감할 수 있는 기회를 만들어 주시기 바랍니다.

2022년 여름, 오창길

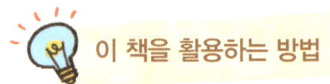 이 책을 활용하는 방법

책의 **구성**

1. '걸음마 빙고'는 초급, '뜀박질 빙고'는 중급, '날갯짓 빙고'는 심화형입니다.
2. '걸음마 빙고'엔 각 주제별 워크시트(내가 만드는 ○○ 빙고)가 함께 실려 있습니다.
3. 놀이를 시작하기 전에 페이지 하단의 '꼭 읽어 보세요'를 반드시 읽고, 놀이가 끝난 뒤엔 맨 아랫줄의 질문에 대해 서로의 생각을 나누도록 합니다. (108~109쪽 '수업 진행안' 참조)

기본 **규칙**

1. 인원과 장소에 따라 개인 또는 모둠 대항으로 게임을 진행합니다.
2. 제시된 항목들을 찾으면 색연필이나 스티커로 해당 칸에 표시합니다.
3. 9칸(3×3) 빙고에서는 가로, 세로, 대각선을 합해 3줄을 찾으면 "빙고!"를 외칩니다. 16칸(4×4) 빙고에선 4줄, 25칸(5×5) 빙고에선 5줄을 찾아야 "빙고!"가 가능합니다.

규칙 **바꾸기**

1. "빙고!"에 필요한 줄의 개수는 학생들의 나이와 경험, 놀이 장소, 활동에 주어진 시간 등에 따라 바꿀 수 있습니다.
2. 줄의 개수뿐 아니라 모양을 미리 정하는 것도 가능합니다. 3줄일 경우엔 Z나 삼각형, 4줄일 경우엔 사각형이나 모래시계 모양 만들기를 할 수도 있습니다.

준비물과 시기와 장소

❶ 각 페이지 위쪽에 해당 빙고가 가능한 계절과 장소, 필요한 준비물이 적혀 있습니다.

❷ 도감은 자연을 관찰할 때 반드시 준비해야 할 필수품입니다. 이 책의 그림만 봐서는 실제 생물들의 정확한 크기와 다양한 특징들을 충분히 알 수 없기 때문입니다. 빙고 주제에 맞는 도감을 모둠별로 최소한 한 권씩은 준비해야 합니다.

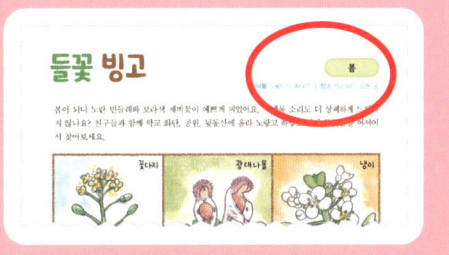

'내가 만드는 ○○ 빙고' 진행 방법

❶ 미리 제시된 항목들 없이 스스로 자연 속 생물들을 관찰하는 방식입니다.

❷ 자기가 찾은 생물들을 자기가 원하는 칸에 적어 넣으며 빙고를 완성해 나가도록 합니다. 단, 과제가 주어진 칸은 그걸 수행해야만 통과할 수 있습니다.

❸ 학생들의 나이와 특성에 따라 과제들 중 일부만 적용시키는 것도 가능합니다.

❹ '퀴즈 풀기'에 필요한 문제들은 페이지 하단에, 정답은 102~103쪽에 있습니다. 단답형이 아닌 서술형 문제일 경우, 인솔자의 재량에 따라 통과 여부를 결정할 수 있습니다. 그 밖의 과제들 역시 통과 여부는 인솔자가 결정합니다.

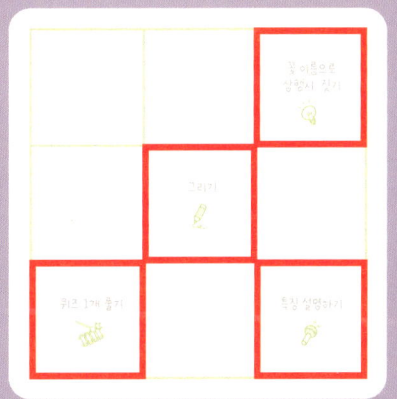

예린이랑 알꼬마랑

오늘은 신나게 자연 빙고 하는 날!

자연 빙고는 언제 어디에서나!

자연의 친구들을 보살펴요!

그럼 친구들, 자연으로 나가 볼까요?

걸음마 빙고
한 번은 그림 따라, 한 번은 내 맘대로

들꽃 빙고

봄

준비물 식물도감, 확대경 | 장소 학교 화단, 공원, 숲

봄이 되니 노란 민들레와 보라색 제비꽃이 예쁘게 피었어요. 시냇물 소리도 더 상쾌하게 느껴지지 않나요? 친구들과 함께 학교 화단, 공원, 뒷동산에 올라 노랗고 하얗고 빨간 들꽃들을 어서어서 찾아보세요.

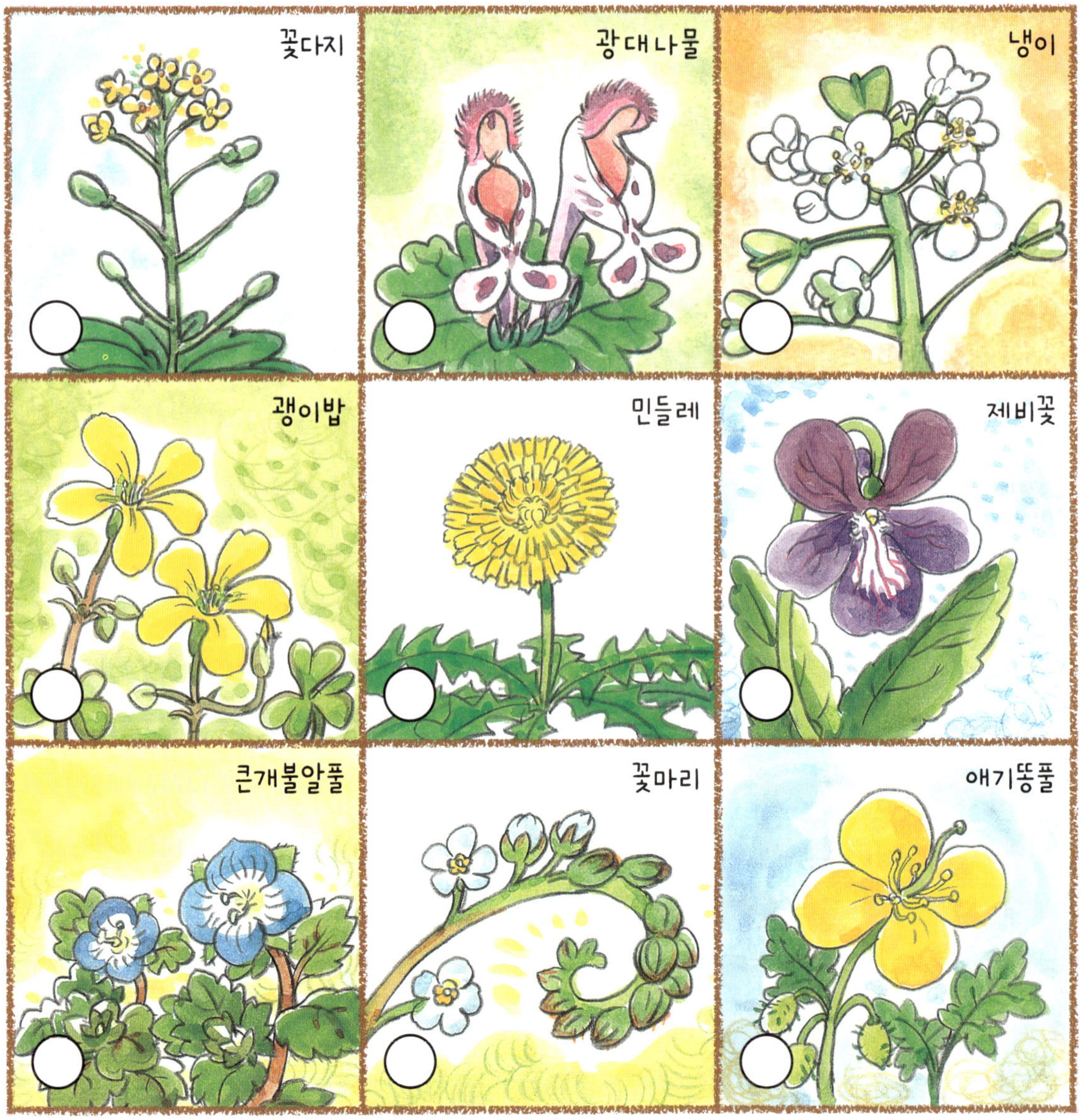

꽃다지	광대나물	냉이
괭이밥	민들레	제비꽃
큰개불알풀	꽃마리	애기똥풀

1. 꽃다지와 꽃마리는 크기가 손톱보다도 작아요. 아주 가까이 가야만 보인답니다. 확대경으로 보면 작은 꽃들을 아주 자세히 볼 수 있어요.
2. 꽃이 아직 안 피었거나 이미 졌더라도 잎과 열매의 특징을 알면 찾아낼 수 있어요.

* 꽃들이 사라지면 세상이 어떻게 바뀔까요?

내가 만드는 들꽃 빙고

날짜: 장소: 이름:

		꽃 이름으로 삼행시 짓기
	그리기	
퀴즈 1개 풀기		특징 설명하기

❶ 애기똥풀은 왜 그런 독특한 이름을 갖게 되었을까요? (힌트 : 줄기)
❷ 우리나라 토종민들레는 서양민들레와 어떤 점이 다를까요? (힌트 : 꽃받침)
❸ 제비꽃에는 또 다른 이름들이 있어요. 그게 뭘까요? (힌트 : 여진족)

곤충 빙고

봄~가을

준비물 곤충도감 | 장소 학교 화단, 공원, 숲

떼 지어 이동하는 개미들을 본 적이 있나요? 팔랑팔랑 날아가는 예쁜 나비는요? 우리 주변에는 곤충들이 생각보다 훨씬 많답니다. 눈을 크게 뜨고 주위를 둘러보면 평소엔 잘 보이지 않았던 작은 친구들이 보일 거예요.

나비	사마귀	메뚜기
잠자리	개미	벌
하루살이	방아깨비	무당벌레

 꼭 읽어 보세요

1. 곤충의 몸은 머리, 가슴, 배로 나뉘며 다리는 3쌍(6개), 날개는 2쌍이랍니다.
2. 거미와 지네는 곤충이 아니에요. 거미는 다리가 8개고 날개도 없어서 '거미류'로 따로 구분하고, 다리가 많은 지네는 '다지류'예요. 곤충, 거미류, 다지류, 갑각류(새우, 게 등)를 합쳐서 '절지동물'이라고 불러요.

* 곤충들이 사라지면 세상은 더 좋아질까요, 아니면 더 나빠질까요?

내가 만드는 곤충 빙고

| 날짜: | 장소: | 이름: |

		곤충 이름으로 삼행시 짓기
	그리기	
퀴즈 1개 풀기		특징 설명하기

❶ 하루살이는 정말로 하루만 살까요?
❷ 맴맴, 귀뚤귀뚤, 찌르르 찌르르…. 곤충들의 울음소리는 어디에서 나올까요?
❸ 개미 사회는 우두머리인 ○○개미, 먹이를 구하는 ○개미, 종족들을 보호하는 ○○개미로 나뉘어요.

나무 빙고 ①

사계절

준비물 식물도감 | 장소 학교 화단, 공원, 숲

학교 화단, 숲이나 공원, 길가의 가로수 등을 보면 나무마다 생김새가 제각기 달라요. 가느다란 나무와 뚱뚱한 나무, 매끈한 나무와 울퉁불퉁한 나무, 흰색 나무와 갈색 나무…. 그중에서 어떤 나무가 제일 멋진가요?

울퉁불퉁한 나무	하얀 나무	버섯이 자라는 나무
나보다 뚱뚱한 나무	나보다 키 작은 나무	껍질 벗겨진 나무
꽈배기 나무	구멍 뚫린 나무	새 둥지가 있는 나무

1. 줄기(몸통)가 굵고 곧으며 8미터 이상 자라는 나무를 '큰키나무(교목)'라 불러요.
2. 줄기와 나뭇가지의 구분이 불분명하고 키가 작은 나무는 '떨기나무(관목)'라 부르지요.
3. 나무들의 색깔을 자세히 관찰하고 비교해 보세요. 나무마다 색깔이 조금씩 다르답니다.

* 딱 한 그루의 나무만 심을 수 있다면 여러분은 어떤 나무를 심고 싶은가요?

내가 만드는 나무 빙고

| 날짜: | 장소: | 이름: |

		나무 이름으로 삼행시 짓기
	그리기	
퀴즈 1개 풀기		특징 설명하기

❶ 숲이나 공원에서 자주 보이는 흰색 나무의 이름은?
❷ 나무의 가장 굵은 부위, 즉 몸통을 다른 말로 뭐라고 할까요?
❸ 나무들은 잎을 틔울 때와 낙엽을 떨어뜨릴 때를 어떻게 알까요?

나뭇잎 빙고

봄~가을

준비물 식물도감 | 장소 학교 화단, 공원, 숲

우리의 생김새가 서로 다르듯 나무들도 잎의 생김새가 저마다 조금씩 달라요. 긴 잎과 짧은 잎, 둥근 잎과 길쭉한 잎, 테두리가 매끄러운 잎과 톱니처럼 삐죽삐죽한 잎…. 우리 주변의 나무들은 어떤 잎을 달고 있나 자세히 관찰하고 비교해 보세요.

은행나무 잎	단풍나무 잎	왕벚나무 잎
소나무 잎	느티나무 잎	주목 잎
회양목 잎	스트로브잣나무 잎	메타세쿼이아 잎

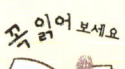

1. 나뭇잎만 봐서 잘 모를 때는 꽃이나 열매를 관찰하고 도감에서 찾아보세요.
2. 소나무랑 잣나무는 잎의 개수로 구분해요. 우리나라 소나무는 2개, 리기다소나무는 3개, 잣나무 종류는 5개의 바늘잎이 한곳에서 나온답니다.

* 나무들을 보호하기 위해 우리가 할 수 있는 일은 뭘까요?

내가 만드는 나뭇잎 빙고

| 날짜: | 장소: | 이름: |

		나뭇잎 이름으로 삼행시 짓기
	그리기	
퀴즈 1개 풀기		특징 설명하기

❶ 부채처럼 생겼고, 가을에 노랗게 물들고, 저축왕들이 제일 좋아하는 나뭇잎은?
❷ 잎이 바늘처럼 생긴 나무들은 침엽수, 잎이 넓은 나무들은 ○엽수.
❸ 가을에 나뭇잎 색깔이 변하고 겨울에 다 떨어지는 이유는 뭘까요?

나무 열매 빙고

가을

준비물 식물도감 | 장소 학교 화단, 공원, 숲

노랗게 물든 은행나무 밑에 동그란 은행 열매들이 수북하게 떨어져 있어요. 감나무에 주렁주렁 먹음직스럽게 열린 감도 보이네요. 수확의 계절 가을엔 또 어떤 열매들이 열릴까요? 공원이나 숲에서 여러 가지 열매들을 찾아보세요.

꼭 읽어 보세요
1. 열매를 따러 나무 위로 올라가는 건 사람에게도 나무에게도 위험한 일이랍니다.
2. 은행엔 독성이 있으니 맨손으로 만지거나 입에 넣으면 안 돼요.
3. 도토리는 다람쥐의 소중한 양식! 놀이 후엔 꼭 그 자리에 두고 오세요.

* 사람들이 나무 열매를 모조리 따 가면 어떤 일이 벌어질까요?

내가 만드는 나무 열매 빙고

날짜:　　　　　장소:　　　　　이름:

		나무 열매 이름으로 삼행시 짓기
	그리기	
퀴즈 1개 풀기		특징 설명하기

❶ 따끔이 속에 빤빤이, 빤빤이 속에 털털이, 털털이 속에 오독이! 무슨 열매일까요?
❷ 비슷비슷한 친구들끼리 서로 뽐내는 걸 가리켜서 '○○○ 키 재기'라고 해요.
❸ 옛날에는 ○○○ 열매를 절반으로 쪼개서 바가지를 만들었어요.

노란색 빙고

봄

준비물 식물도감 | 장소 학교 화단, 공원, 숲

봄에는 다양한 색깔의 꽃들이 여기저기 피어나고 다양한 색깔의 나비들이 펄럭펄럭 날아다니지요. 그중에서도 유난히 눈에 자주 띄는 건 노란색이에요. 우리에게 봄을 알려 주는 밝고 환한 노란색들을 찾아볼까요?

민들레	개나리	괭이밥
노랑나비	내가 본 또 다른 노란색	노란 옷
애기똥풀	꽃다지	산수유

1. 애기똥풀의 줄기 속에는 노란색 진액이 들어 있어요. 그래서 애기똥풀이라는 귀여운 이름이 붙었답니다.
2. 민들레는 노란색 말고 흰색도 있어요. 노란 민들레 중에는 서양민들레가 많지만, 흰민들레는 모두 우리나라 토종이랍니다.

* 봄이 왔는데 꽃이 한 송이도 안 피면 어떻게 될까요?

내가 만드는 노란색 빙고

| 날짜: | 장소: | 이름: |

		노란 꽃 이름으로 삼행시 짓기
	그리기	
퀴즈 1개 풀기		특징 설명하기

❶ 진달래와 함께 봄의 상징으로 손꼽히는 노란 꽃은?
❷ 괭이밥, 개나리, 산수유 중에서 나무에 피지 않는 꽃은 무엇일까요?
❸ 봄에 노란 꽃이 피고 가을에 빨간 열매가 열리는 대표적 식물은?

단풍잎 빙고

가을

준비물 식물도감 | 장소 학교 화단, 공원, 숲

가을이 되어 단풍이 들면 나뭇잎들의 색깔이 울긋불긋 화려하게 바뀌어요. 어떤 잎은 샛노랗고 어떤 잎은 새빨갛고, 또 어떤 잎은 은은한 갈색으로 물들지요. 잎들이 다 떨어지고 겨울이 오기 전에 단풍잎으로 빙고놀이를 해 볼까요?

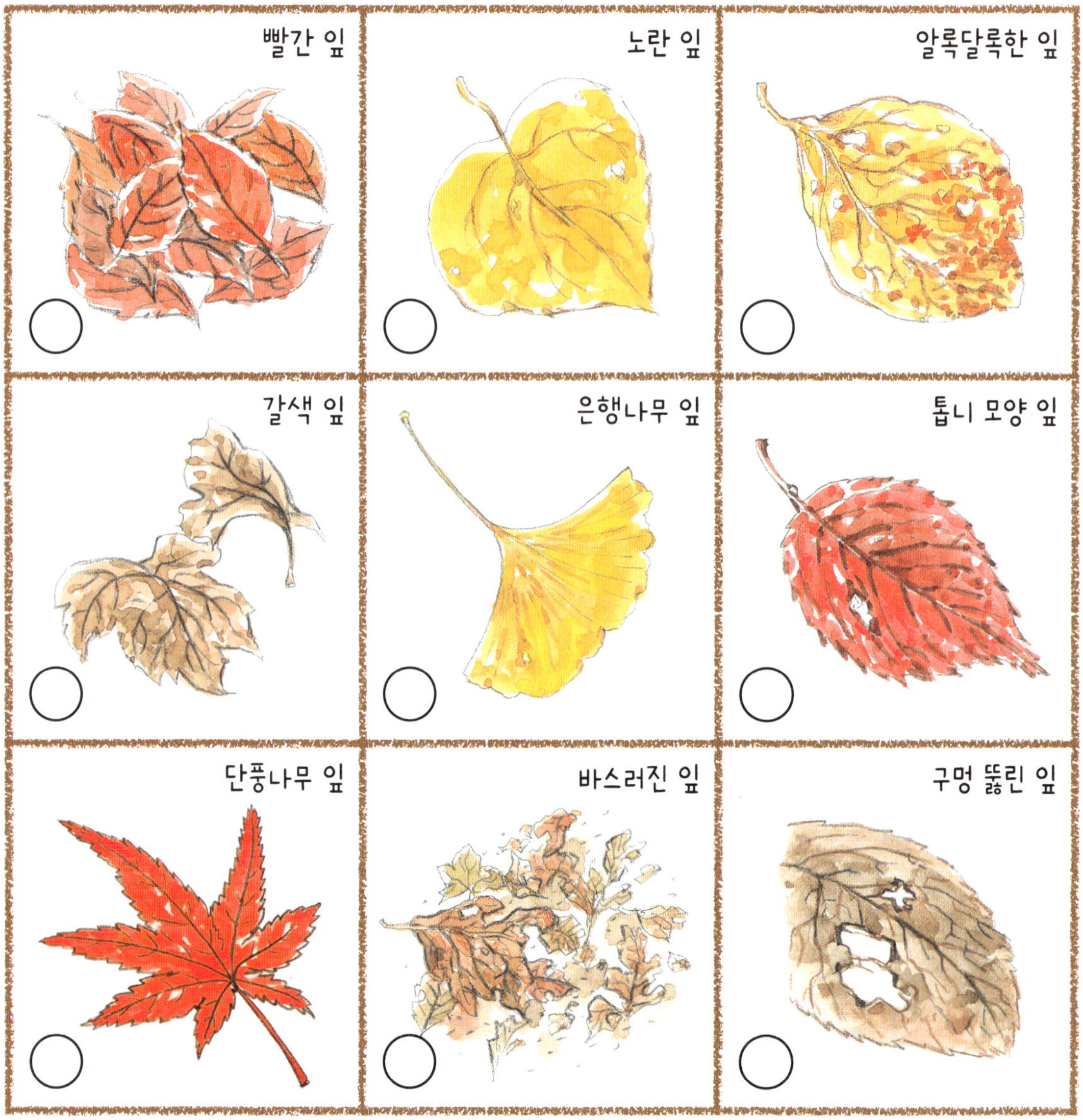

빨간 잎	노란 잎	알록달록한 잎
갈색 잎	은행나무 잎	톱니 모양 잎
단풍나무 잎	바스러진 잎	구멍 뚫린 잎

꼭 읽어 보세요

1. 단풍의 '단'은 붉다는 뜻이에요. 하지만 노란색이나 갈색도 모두 단풍이라고 부르지요.
2. 가을이 되었다고 무조건 단풍이 들지는 않아요. 기온이 떨어지고 나무가 엽록소 생산을 멈춰야 잎 색깔이 바뀐답니다. 지구온난화가 더 심해지면 아름다운 단풍을 못 보게 될 수도 있어요.

* 멋진 단풍을 계속 보기 위해 우리가 할 수 있는 일은 뭘까요?

내가 만드는 단풍잎 빙고

날짜:　　　　장소:　　　　이름:

		단풍잎으로 삼행시 짓기
	그리기	
퀴즈 1개 풀기		특징 설명하기

❶ 노란 단풍잎과 빨간 단풍잎을 한 가지씩만 말해 보세요.
❷ 단풍이 들기 전에 나뭇잎이 녹색인 것은 어떤 성분 때문일까요?
❸ 참나무나 밤나무는 탄닌 성분 때문에 노랑이나 빨강이 아닌 ○색으로 단풍이 들지요.

겨울 빙고

겨울

준비물 없음 | 장소 야외 어디서나

겨울에 가장 신나는 순간은 뭐니 뭐니 해도 눈이 내릴 때지요. 함박눈이 펑펑 쏟아지면 추운 것도 까맣게 잊고 밖으로 뛰어나가고 싶어져요. 눈이 그치고 나면 온 세상이 새하얗게 바뀌지요. 친구들과 함께 즐거운 겨울 빙고를 해 볼까요?

눈사람	얼음	나무에 쌓인 눈
마른 가지	내가 좋아하는 겨울 풍경	고드름
함박눈	철새	눈싸움

 쪽 읽어 보세요

1. 겨울나무의 가지 끝에는 볼록한 겨울눈이 있어요. 봄이 되면 그곳에서 잎과 꽃이 새로 나온답니다.
2. 겨울에 눈에 띄는 새들이 모두 겨울철새인 건 아니에요. 참새, 박새, 까치, 직박구리처럼 사계절 내내 우리나라에 사는 텃새들도 있으니까요.

* 겨울이 점점 덜 추워지는 건 좋은 일일까요, 나쁜 일일까요?

내가 만드는 겨울 빙고

| 날짜: | 장소: | 이름: |

		겨울 풍경으로 삼행시 짓기
	그리기	
퀴즈 1개 풀기		특징 설명하기

❶ 겨울에도 잎이 지지 않는 상록수를 순우리말로 뭐라고 할까요?
❷ 침엽수뿐 아니라 활엽수 중에도 상록수가 있어요. 어떤 나무들일까요?
❸ 강물보다 바닷물이 잘 얼지 않는 이유는 뭘까요?

물새 빙고

가을~겨울

준비물 조류도감, 망원경 | **장소** 강변, 저수지, 하구, 바닷가

가을이 깊어 갑니다. 머리 위로 줄 지어 날아가는 기러기 떼가 보이나요? 호수나 강가에서 겨울 새들을 만나 봤나요? 새들은 어떤 색깔이고 크기는 어떤가요? 물가에 몰려 있나요, 아니면 물 가운데 깊은 곳에 있나요? 예쁜 물새들을 꼼꼼하게 관찰해 보세요.

청둥오리	민물가마우지	혹부리오리
고방오리	쇠오리	논병아리
괭이갈매기	왜가리	흰뺨검둥오리

 **꼭 읽어 보세요**

1. 대부분의 새들은 번식기가 다가오면 수컷의 색깔이 화려하게 변해요. 암컷들에게 멋있게 보여야 짝짓기를 할 수 있으니까요. 그림 속 화려한 새들은 모두 수컷이랍니다.
2. 겨울엔 새들도 춥고 배가 고파요. 그러니까 놀라서 날아오르게 하면 안 되겠죠?

* 도도새는 왜 멸종되었을까요? 크낙새는 왜 우리나라에서 사라졌을까요?

내가 만드는 물새 빙고

날짜:　　　　　　장소:　　　　　　이름:

		물새 이름으로 삼행시 짓기
	그리기	
퀴즈 1개 풀기		특징 설명하기

❶ 쇠오리의 '쇠'는 무슨 뜻일까요?
❷ 중국 어부들은 가마우지를 이용해서 낚시를 한답니다. 과연 어떻게 할까요?
❸ 물이 얕은 곳에 있는 오리들과 깊은 곳에 있는 오리들의 차이는 뭘까요?

연못 빙고

봄~여름

준비물 뜰채, 확대경 | 장소 학교 연못, 저수지

물 위엔 개구리밥이 둥둥 떠 있고 물가에선 개구리들이 개굴개굴 울어요. 늘씬한 소금쟁이와 날쌘 물방개도 보이네요. 작은 연못에 대체 얼마나 많은 생물들이 사는 걸까요? 학교 연못이나 가까운 호숫가에 나가서 다양한 친구들을 만나 보세요.

부레옥잠	잠자리	소금쟁이	개구리
연꽃	개구리밥	수련	수채(잠자리 애벌레)
부들	거미	우렁이	올챙이
붉은귀거북	하루살이	게아재비	물방개

 꼭 읽어 보세요

1. 깊은 물속에 들어가거나 연못에 돌멩이를 던지는 행동은 삼가야 해요.
2. 개구리는 서늘한 걸 좋아해요. 사람의 손바닥에 올려놓으면 개구리는 뜨거운 프라이팬 위에 올라간 것처럼 고통스럽대요. 그러니까 꼭 눈으로만 관찰하세요.

* 연못 생물의 종류가 점점 줄어들고 있대요. 왜 그럴까요?

내가 만드는 연못 빙고

| 날짜: | 장소: | 이름: |

		연못 생물 이름으로 삼행시 짓기
	그리기	
퀴즈 1개 풀기		특징 설명하기

❶ 연못가에서 자라는 식물인데 생김새는 길쭉한 소시지를 닮은 나는 누구일까요?
❷ 7~8월에 꽃이 피고 불교와 관련이 깊으며 심청전에도 나오는 연못 식물은?
❸ 연꽃과 수련의 가장 큰 차이점은 무엇일까요?

갯벌 빙고

봄~가을

준비물 갯벌도감, 장화 | 장소 연안갯벌, 하구갯벌

여기 저기 뽕뽕 뚫린 구멍들이 보이나요? 자세히 보니 작은 생물들이 꼬물꼬물 움직이고 있네요. 여러분은 지금 밀물과 썰물의 차이에 의해 진흙(펄)이나 모래가 쌓이면서 생겨난 습지, 갯벌에 와 있습니다. 여기엔 또 어떤 친구들이 있을까요?

농게	칠게	방게
말뚝망둥어	갈대	칠면초
갯메꽃	게구멍	해당화

 꼭 읽어 보세요

1. 갯벌에는 작은 생물들이 헤아릴 수 없을 만큼 많이 살고 있어요. 눈에 안 띈다고 해서 아무것도 없는 게 절대 아니랍니다.
2. 갯벌에서 뛰고 뒹굴면 수많은 생물들이 위험해진다는 걸 잊지 마세요.

* 바다를 가로막아서 갯벌이 사라지면 어떤 문제들이 생길까요?

내가 만드는 갯벌 빙고

날짜: 장소: 이름:

		갯벌 생물 이름으로 삼행시 짓기
	그리기	
퀴즈 1개 풀기		특징 설명하기

❶ 갯벌은 하루에 한 번밖에 볼 수 없다. (○ ×)
❷ 바닷물이 멀리 밀려 나가는 것을 썰물이라고 한다. (○ ×)
❸ 우리나라 갯벌은 세계에서 다섯 손가락 안에 꼽히는 넓은 갯벌이다. (○ ×)

텃밭 빙고

봄~가을

준비물 식물도감 | 장소 텃밭, 주말농장

싱그러운 텃밭. 빨간 고추와 보라색 가지와 초록색 오이가 주렁주렁 열려 있네요. 작은 씨앗이나 어린 모종을 심었을 뿐인데 생명의 땅은 우리에게 싱싱하고 맛있는 먹거리들을 잔뜩 선물해 줬어요. 친구들과 함께 선물 보따리를 끌러 볼까요?

상추	고추	가지
호박	옥수수	열무
쑥갓	감자	토마토

1. 우리 집 밥상에 자주 올라오는 채소들을 떠올려 보세요. 그 채소들이 어떻게 자라나는지 보고 나면 예전보다 훨씬 맛있게 느껴질 거예요.
2. 토마토는 열매가 열리기 전에도 잎과 줄기의 냄새로 알 수 있어요.

* 방울방울 탐스러운 토마토들과 그걸 키운 농부들의 땀방울 중 어떤 게 더 많을까요?

내가 만드는 텃밭 빙고

날짜: 장소: 이름:

		텃밭 작물 이름으로 삼행시 짓기
	그리기	
퀴즈 1개 풀기		특징 설명하기

❶ 모든 식물들은 아기였을 때 다 '이것'이었어요. 우리가 땅에 심는 '이것'은 뭘까요?
❷ 길쭉한 ○호박, 넓적하고 단단한 ○호박, 펑퍼짐한 주황색 ○○호박.
❸ 못생겼을 것 같지만 알고 보면 아주 예쁜 호박꽃은 무슨 색깔일까요?

색깔 찾기 빙고

사계절

준비물 풀이나 스카치테이프 | 장소 야외 어디서나

자연의 색깔들은 정말 아름답죠? 물감이나 크레파스보다 종류도 많고 느낌도 훨씬 좋답니다. 자연 속에서 찾은 색깔들로 알록달록 예쁜 자연물 팔레트를 완성해 보세요. 아홉 색깔 다 찾으면 "빙고!"

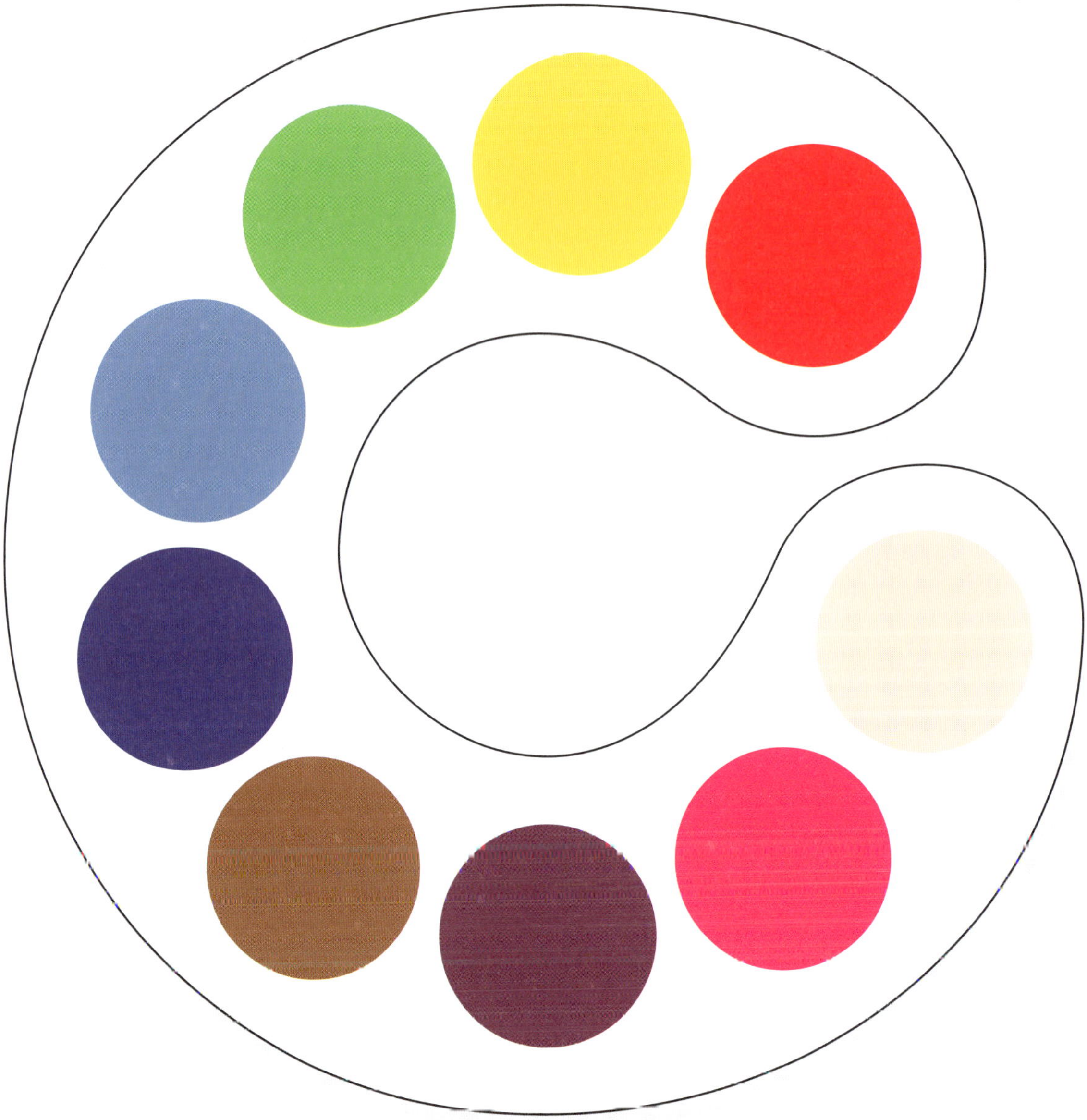

1. 꽃이나 나무를 마구 꺾으면 자연이 싫어해요. 꽃잎과 나뭇잎은 꼭 필요한 만큼만 따고, 그 전에 혹시 땅에 떨어진 건 없는지 주위를 둘러보세요.
2. 위에 있는 색깔과 반드시 똑같을 필요는 없어요. 비슷한 색깔이어도 좋아요.

* 옛날에는 무엇으로 색색가지 물감을 만들고 옷감에 예쁜 물을 들였을까요?

내가 찾은 색깔 빙고

날짜:　　　　　장소:　　　　　이름:

자연의 색깔들은 모두 조금씩 다르지만 함께 어우러져 아름다운 풍경을 이루고 있어요. 나는 친구들과 다른 나만의 색깔을 갖고 있는지, 억지로 똑같은 색깔을 갖기 위해 애쓰고 있는 건 아닌지 돌아볼까요?

동물원 빙고

사계절

준비물 없음 | 장소 동물원

동물원은 언제 가도 즐겁고 신기한 곳이지요. 우리나라에서는 볼 수 없는 다양한 동물들을 가까이에서 만나고 관찰할 수 있으니까요. 자연과 생명이 있는 곳이라면 언제 어디서나 빙고! 동물원도 예외가 아니랍니다.

코끼리	기린	펭귄
원숭이	내가 좋아하는 다른 동물	사자
호랑이	토끼	곰

 꼭 읽어 보세요

1. 동물들에게 소리를 지르거나 뭔가를 던지면 안 돼요. 눈으로만 바라보세요.
2. 새끼가 있을 때는 어미들이 굉장히 예민해지니까 더 주의해야 해요.
3. 철창 사이로 손을 넣는 것은 절대 삼가야 할 위험한 행동이랍니다.

* 동물원이 동물들에게 감옥이 아닌 보금자리가 되려면 어떻게 해야 할까요?

도형 빙고

사계절

준비물 없음 | 장소 야외 어디서나

자연을 관찰하다 보면 아주 다양한 도형들을 발견할 수 있어요. 세모, 네모, 동그라미…. 자세히 보면 별 모양도 있고 하트 모양도 있지요. 자연도 즐길 겸, 관찰력도 키울 겸, 오늘은 자연 속에 숨어 있는 갖가지 모양들을 함께 찾아볼까요?

하트	동그라미	다이아몬드
반달	내가 찾은 다른 모양	십자가
달팽이	세모	별

 꼭 읽어 보세요

1. 완전한 동그라미나 하트가 아니고 좀 찌그러져도 괜찮아요. 비슷하면 인정!
2. 확대경으로 식물을 관찰하면 여러 가지 모양을 쉽게 찾을 수 있어요.
3. 너무 코앞만 보지 말고 한번씩 눈을 들어 넓게, 멀리 바라보세요.

* '자연스럽다'는 말은 왜 생겨났고 어떤 의미로 쓰일까요?

한글 자음 빙고

사계절

준비물 없음 | 장소 야외 어디서나

친구가 되기 위해 맨 먼저 해야 할 일은 서로의 이름을 알려 주는 거겠죠? 생물들도 마찬가지예요. 들꽃, 나무, 새, 곤충의 이름을 알고 나면 그전보다 한결 친근한 느낌을 갖게 된답니다. 한글의 ㄱ, ㄴ, ㄷ 등으로 시작하는 자연 속 친구들을 찾아볼까요?

ㄱ	ㄷ	ㅅ
ㅈ	ㄴ	ㅇ
ㅂ	ㄹ	ㄲ

 꼭 읽어 보세요

1. 나비를 봤다고 'ㄴ' 칸에 '나비'라고 쓰면 안 돼요. 무슨 나비인지 이름을 대야 해요.
2. 이름을 잘 모를 때는 그럴 듯한 이름을 직접 붙여 줘도 괜찮아요. 이 빙고는 이름을 불러 줌으로써 생물들과 친해지기 위해 하는 놀이니까요.

* 백조의 우리말 이름은 고니, 플라타너스는 양버즘나무예요. 우리 땅 생물들은 우리말로 부르는 게 좋겠죠?

영어 빙고

사계절

준비물 없음 | 장소 야외 어디서나

자연에는 세모, 네모, 동그라미 같은 도형뿐 아니라 알파벳 모양도 아주 많아요. 원래 그렇게 생긴 것들도 있고, 잠깐 동안 우연히 그런 모양을 띠는 경우도 있지요. A, B, C, D…. 자연 속에 숨어 있는 알파벳들을 하나씩 찾아보세요.

C	D	H
I	Y	L
O	W	S

 **꼭 읽어 보세요**

1. D, H, I, L처럼 대문자와 소문자가 다른 알파벳은 대문자만 인정할지 소문자까지 인정할지 미리 정하고 시작하세요.
2. 애벌레나 지렁이 등은 움직임에 따라 모양이 바뀌니까 오래 관찰하세요.

* 손으로 당기거나 늘려서 원하는 모양을 억지로 만들면 안 되겠지요?

뜀박질 빙고

숲도 들판도 우리의 놀이터

봄을 알리는 나무 빙고

봄

준비물 식물도감 | 장소 학교 뜰, 공원

봄이 왔어요. 개나리와 진달래와 산수유가 서로 누가 누가 먼저 피는지 내기 내기하네요. 우리 학교나 마을에선 어떤 꽃이 봄소식을 제일 먼저 전해 줄까요? 학교 뜰이나 공원, 뒷동산에 올라 울긋불긋 어여쁜 봄꽃들을 찾아보세요.

산수유	개나리	영산홍
진달래	백목련	벚나무
동백나무	회양목	자목련

 꼭 읽어 보세요

1. 봄에 피는 꽃들은 대부분 하얗고 노랗고 빨갛지만 꼭 그런 건 아니에요. 눈에 잘 띄지 않는 색깔을 가진 수수한 꽃들도 많이 있답니다.
2. 키 작은 회양목을 자세히 관찰하면 다른 꽃들과 다른 점을 금방 발견할 수 있어요.

* 잎보다 꽃이 먼저 피는 나무엔 어떤 것들이 있을까요?

침엽수 빙고

사계절

준비물 식물도감 | 장소 학교 뜰, 공원

한겨울에도 나뭇잎을 떨구지 않고 사시사철 푸르게 살아가는 나무들이 있어요. 바늘처럼 뾰족하거나 가늘고 길쭉한 잎을 가진 그 나무들을 '침엽수'라고 부른답니다. 멀리서 보면 비슷비슷해도 자세히 보면 저마다 다른 씩씩한 침엽수들을 만나 보세요.

리기다소나무	스트로브잣나무	잣나무
소나무	주목	가이츠카향나무
히말라야시다	측백나무	구상나무

 읽어 보세요

1. 잎이 넓은 나무는 '활엽수'라고 불러요. 침엽은 '바늘잎', 활엽은 '넓은 잎'을 뜻한답니다.
2. 우리나라 소나무는 바늘잎 2개, 외래종 리기다소나무는 3개, 잣나무는 5개가 한데 붙어 있어요.

* 활엽수 중에도 겨울에 잎이 지지 않는 늘푸른나무(상록수)가 있어요. 어떤 나무들일까요?

집 주변 새 빙고

사계절

준비물 조류도감, 망원경 | 장소 집 주변, 공원, 숲

짹짹, 삐삐삐~, 구구구구~. 아주 잠깐 동안 귀를 기울였는데도 굉장히 다양한 새 소리들이 들려요. 알고 보니 학교나 마을 근처에도 숲 속 못지않게 다양한 새들이 살고 있네요. 우리 집 근처엔 어떤 멋쟁이들이 살고 있는지 살펴볼까요?

멧비둘기	박새	까치	내가 찾은 또 다른 새
직박구리	참새	붉은머리오목눈이	황조롱이
곤줄박이	딱새	내가 찾은 또 다른 새	까마귀
백할미새	딱따구리	백로	왜가리

1. 박새와 곤줄박이는 나무가 많은 곳에 살고 할미새와 왜가리는 물가에 살아요. 서식지를 알면 새를 훨씬 쉽게 찾을 수 있답니다.
2. 조류도감에 표시된 몸길이는 키가 아니고, 부리 끝부터 꼬리 끝까지의 길이랍니다.

* 새들은 자연 속에서 어떤 역할을 할까요?

보호색 빙고

봄~가을

준비물 곤충도감 | 장소 공원, 숲

동물들의 몸 색깔이 주위의 돌이나 풀잎, 흙 색깔과 비슷하면 다른 동물들의 눈에 잘 띄지 않으니까 훨씬 안전하겠죠? 그런 걸 '보호색'이라고 해요. 나뭇잎 색을 띤 청개구리와 돌멩이 색을 닮은 도롱뇽을 찾아볼까요?

청개구리	도롱뇽	사마귀
매미	대벌레	하늘소
메뚜기	호랑나비	애벌레

1. 모습을 숨기는 보호색과는 반대로, 일부러 드러내는 '경계색'도 있어요. 사나운 동물의 색깔이나 생김새를 흉내 내서 천적들의 접근을 막는 거예요. (말벌 색깔과 비슷한 광대꽃하늘소, 날개에 큰 눈알 무늬가 있는 물결나비 등)
2. 보호색과 경계색을 합쳐서 '의태'라고 부른답니다.

* 곤충들을 보호하는 제일 좋은 방법은 무엇일까요?

보금자리 빙고

사계절

준비물 없음 | 장소 학교 화단, 공원, 숲

하루 동안 쌓인 피로를 풀고 푹 쉬면서 새로운 하루를 시작하는 곳. 다름 아닌 집이죠? 새들과 곤충들과 자연 속 다른 동물들은 어디에서 잠을 자고 쉴까요? 주변에 있는 생물들의 아늑한 보금자리를 찾아보세요.

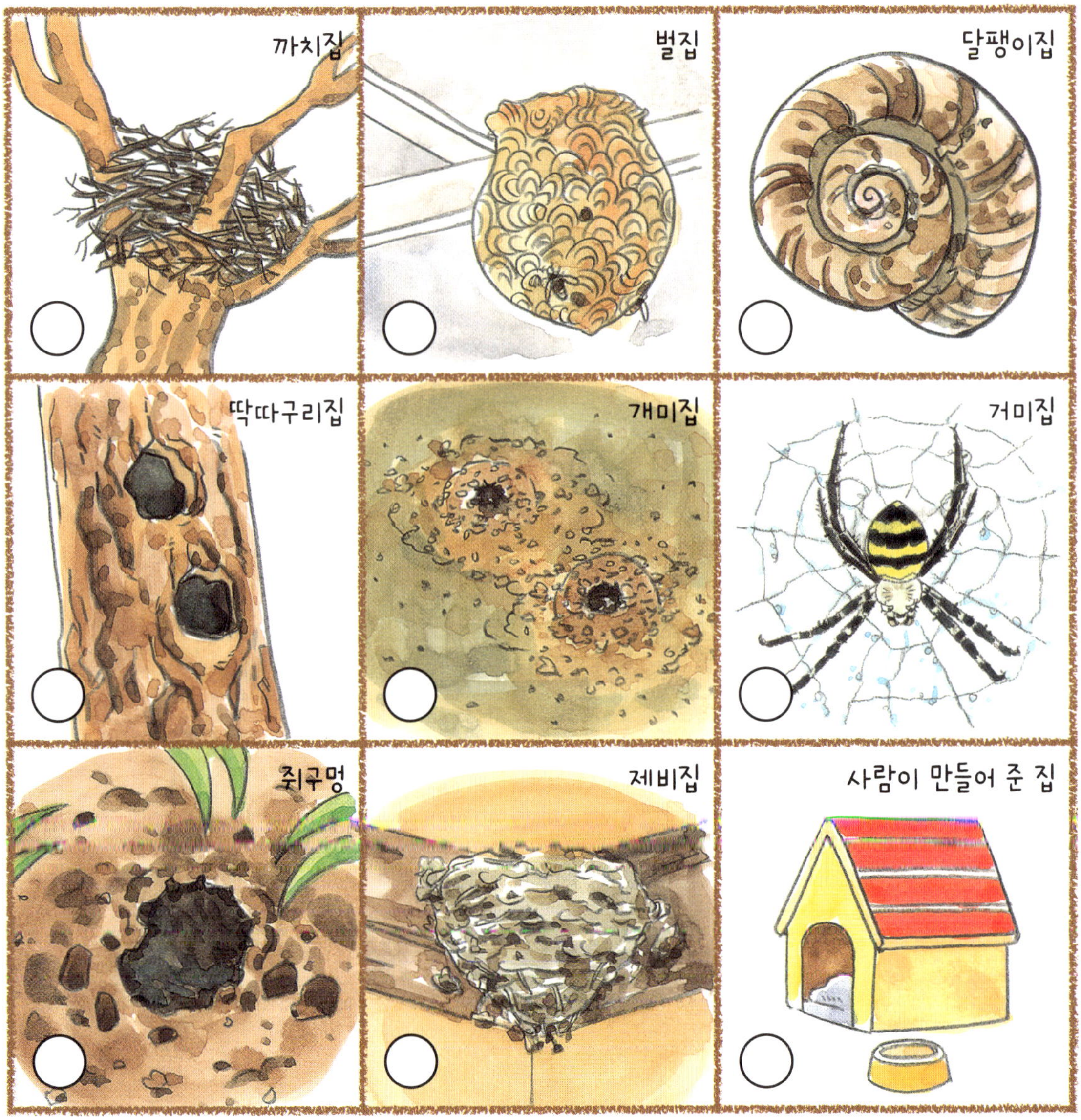

까치집	벌집	달팽이집
딱따구리집	개미집	거미집
쥐구멍	제비집	사람이 만들어 준 집

 **꼭 읽어 보세요**

1. 낯선 사람들이 갑자기 우리 집을 부수면 깜짝 놀라겠죠? 동물들도 마찬가지랍니다. 거미줄을 휘젓거나 개미집을 발로 파헤치지 말고 눈으로만 관찰하세요.
2. 봄~여름엔 새들이 둥지에서 알을 품거나 아기 새들을 키우고 있으니 조용조용! 살금살금!

* 얼기설기 지은 것 같은 새집이 무너지지 않는 비결은 뭘까요?

숫자 모양 빙고

사계절

준비물 없음 | 장소 야외 어디서나

물가에 둥둥 떠 있는 오리는 숫자 2를 닮았어요. 위쪽으로 곧게 뻗은 나무는 어떤 숫자를 닮았나요? 조개껍데기는요? 자연 속엔 숫자 모양과 닮은꼴인 생물들이 아주 많답니다. 숲이나 공원, 강변, 바다에서 숨어 있는 숫자들을 찾아보세요.

꼭 읽어 보세요

1. 숫자와 똑같지 않아도 괜찮아요. 비슷한 모양을 찾아도 됩니다.
2. 숫자 빙고는 자연 속 여러 생물들을 최대한 자세히 관찰하기 위해서 하는 놀이랍니다.

* 생물들 속에서 숫자를 찾다가 새롭게 발견한 특징들을 말해 볼까요?

민들레 빙고

봄~가을

준비물 확대경 | 장소 학교 화단, 집 주변, 공원, 숲

학교, 공원, 마을의 담장 밑과 거리의 보도블록 틈새… 한줌의 흙만 있으면 어디서든 쑥쑥 자라나는 친근한 꽃. 민들레는 생명력이 아주 뛰어나서 다른 꽃들보다 훨씬 오랫동안 볼 수 있답니다. 민들레의 다양한 모습들을 관찰해 볼까요?

꽃받침이 뒤집혀 있는 민들레	꽃봉오리 상태인 민들레	민들레가 10개 이상 피어 있는 곳	꽃받침이 올라붙어 있는 민들레
꽃봉오리가 꺾어진 민들레	활짝 핀 민들레	내가 본 또 다른 민들레의 모습	흰민들레
담장 밑에 핀 민들레	이슬 맺힌 민들레	씨앗이 날아가 버린 민들레	곤충이 날아와 앉은 민들레
내 한 뼘보다 키가 큰 민들레	보도블록 사이에 핀 민들레	민들레 가지고 놀고 있는 아이	날아가는 민들레 씨앗

 꽃 읽어 보세요

1. 꽃을 관찰하는 제일 좋은 방법은 쪼그리고 앉아서 눈높이를 맞추는 거예요.
2. 확대경을 이용하면 꽃잎과 씨앗, 솜털까지 자세히 볼 수 있어요.

* '민들레 홀씨'는 틀린 표현이고 '민들레 씨앗'이 올바른 표현이에요. 홀씨는 고사리나 버섯처럼 꽃이 피지 않는 민꽃식물(포자식물)이 번식을 위해 날려 보내는 거랍니다.

참새 빙고

사계절

준비물 없음 | 장소 야외 어디서나

짹짹짹, 폴짝, 푸드득, 또 짹짹짹… 참새들은 정말 귀엽고 바지런하죠? 잠시도 가만히 있지 않고 이곳저곳 끊임없이 움직이며 쫑알거려요. 우리가 그렇듯 참새들도 친구들끼리 노는 게 좋은가 봐요. 참새들의 다양한 행동들을 관찰해 볼까요?

전깃줄에 앉아 있는 참새	지붕 위에 앉아 있는 참새	나뭇가지에 앉아 있는 참새
깡충깡충 걷는 참새	떼 지어 있는 참새	짹짹거리는 참새
날아가는 참새	다정한 참새들	모이 먹고 있는 참새

1. 발소리와 목소리를 낮춰서 참새들이 눈치 채지 못하게 해 보세요. 재밌는 모습들을 훨씬 더 많이 볼 수 있어요.
2. 참새는 사람과 제일 가까운 새여서 이름 앞에 '진짜'를 뜻하는 '참'이 붙었답니다.

* 이름 앞에 '참'이 들어가는 식물들도 많아요. 무엇 무엇이 있을까요?

개미 빙고

사계절

준비물 확대경 | 장소 야외 어디서나

개미는 부지런함의 상징! 학교 화단이나 작은 공원에서, 또는 숲 속에서, 개미는 늘 바쁘게 움직이고 있어요. 큼직한 먹이를 나르기도 하고 줄 지어 어디론가 이동하기도 하죠. 오늘은 개미들이 뭘 하고 있는지 관찰해 볼까요?

먹이를 나르고 있는 개미	개미의 싸움	개미의 행렬	잎사귀 위에 있는 개미
개미집	크고 까만 개미	작고 불그스름한 개미	나무줄기에 기어오르는 개미
한 마리만 있는 개미	사람에게 기어오르는 개미	알을 나르고 있는 개미	내가 본 또 다른 행동
죽은 개미	생물 사체 위의 개미 떼	꽃에 있는 개미	친구의 등을 타 넘는 개미

꼭 읽어 보세요

1. 개미처럼 작은 생물을 관찰할 땐 확대경을 사용하는 게 좋아요.
2. 개미 떼가 보이면 주위에 개미 구멍이 있는지 살펴보세요. 구멍을 찾으면 굉장히 많은 개미들을 한꺼번에 관찰할 수 있답니다.

* 개미들처럼 질서 있게 살아가는 '사회성 곤충'에는 어떤 것들이 있을까요?

흔적 빙고

사계절

준비물 확대경, 장갑, 핀셋, 채집통 | 장소 공원, 숲

숲 속엔 얼핏 봐선 눈에 잘 띄지 않는 수많은 흔적들이 있어요. 오늘은 우리 함께 멋진 탐정이 되어 볼까요? 과학수사대가 현장을 샅샅이 누비면서 단서를 찾듯, 여러분도 숲 속 생물들이 남긴 흔적들을 꼼꼼하게 찾아보세요.

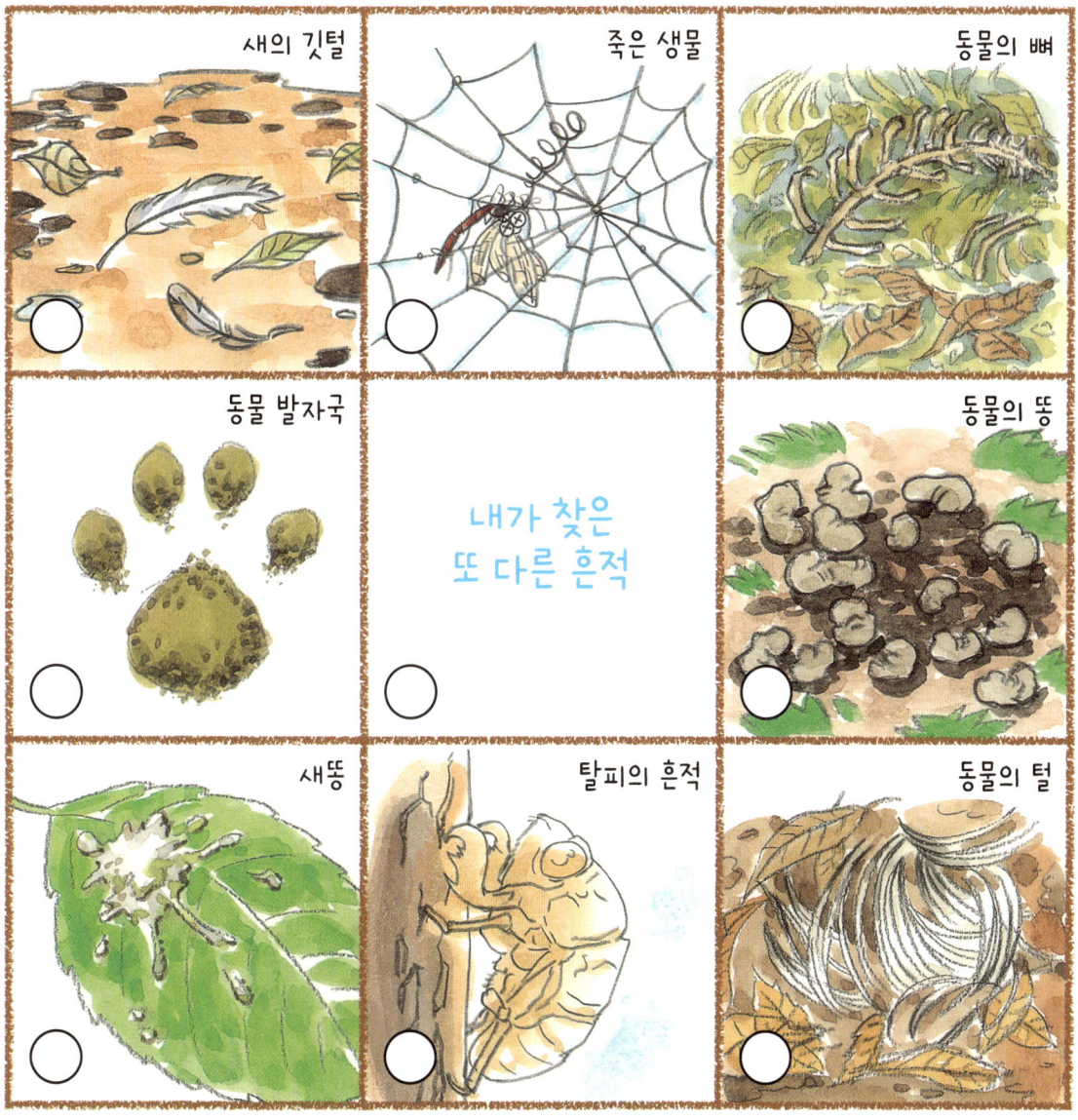

꼭 읽어 보세요

1. 동물의 깃털이나 뼈, 똥 등은 맨손으로 만지지 마세요.
2. 관찰을 위해 옮겨야 할 때는 핀셋이나 장갑을 이용해서 채집통에 담고, 관찰이 끝나면 꼭 제자리에 가져다 두어야 해요.

* 숲 속에서 수많은 생물들의 사체를 깨끗이 청소하는 건 누구일까요?

자연놀이 빙고

봄~가을

준비물 없음 | 장소 공원, 숲

친구들끼리 친해지려면 서로를 잘 이해해야겠죠? 자연 속 생물들과 친해지는 방법도 똑같아요. 우리가 직접 애벌레가 되어 산책도 해 보고, 뱀눈이 되어서 숲 관찰도 해 보면 어떨까요? 꽃반지도 만들고 풀피리도 불면 더 재미있겠죠?

자연의 소리 듣기 	풀피리 불기 	토끼풀 화관 만들기 	숲속의 빙고
꽃반지 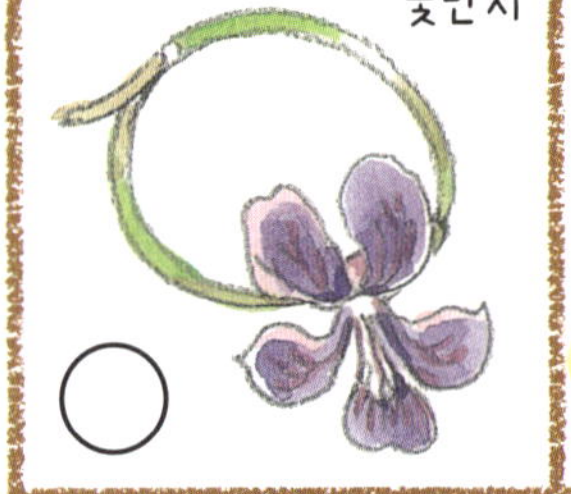	민들레 씨앗 날리기 	환삼덩굴 훈장 달기 	박쥐와 나방 놀이
조릿대 배 만들기 	아까시 파마 	질경이(제비꽃) 씨름 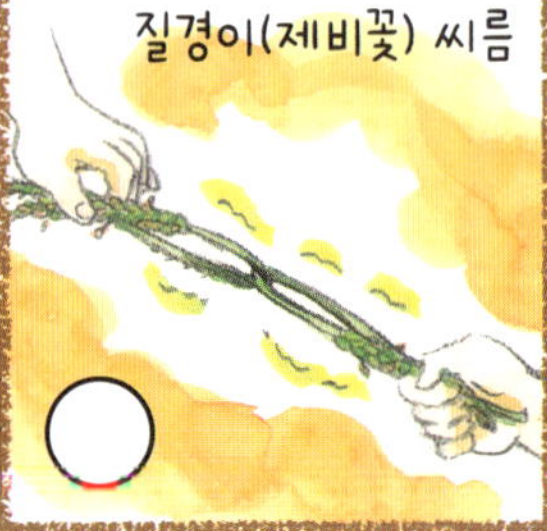	10가지 보물 찾기
나뭇잎 알아맞히기	애벌레 산책	자연물로 다양한 모양 꾸미기	뱀눈 되어 보기

꼭 읽어 보세요

1. 자연놀이를 할 때는 여럿이 모여서 활동할 수 있는 넓고 편평한 공간이 필요해요. 좁고 울퉁불퉁한 곳에서 놀이를 하면 다칠 위험이 있으니까요.
2. 잎, 줄기, 꽃 등은 꼭 필요한 만큼만 줍거나 떼어서 사용하세요.

* 자연놀이를 통해서 새로 배우거나 느낀 점을 말해 볼까요?

| **숲 속의 빙고** | 가로 세로 3칸씩인 빙고 상자 안에 모둠별로 나뭇잎, 풀, 열매 등을 담아 온다. 한 모둠씩 돌아가면서 자기들이 찾은 물건을 외치면 다른 모둠들은 빙고 칸에서 그 물건을 꺼낸다. 가로 세로 대각선으로 빈 칸이 3줄이 되면 빙고!

| **박쥐와 나방** | 1~2명은 박쥐 역할, 3~4명은 나방 역할, 나머지는 원(동굴)을 만들어 둘러선다. 박쥐 눈을 안대로 가리고 나방 발목엔 방울을 달아 준다. 박쥐가 "박쥐"라고 외치면 나방은 "나방"이라고 외치며 동굴 안에서 도망 다닌다. 박쥐가 나방을 다 잡으면 역할을 바꿔 준다.

| **10가지 보물찾기** | 장소에 맞는 보물 목록을 주고 모둠별로 찾아오게 한다. 꼼꼼한 관찰이 필요한 것들, 친구들끼리 의논해야 하는 것들을 포함시킨다.

예시
① 둥근 것
② 구멍이 5개 이상인 물건
③ 세상에서 가장 소중한 것
④ 곧은 것
⑤ 깃털
⑥ 필요 없는 물건
⑦ 하얀 것
⑧ 보호색을 지닌 생물
⑨ 뭔가 소리 나는 것
⑩ 여러분의 웃는 얼굴

| **뱀눈 되어 보기** | 한 손을 앞 사람 어깨에 올리고 한 손은 거울을 쥔다. 거울을 눈 바로 밑 코 위에 대면 뱀눈의 시야와 비슷해진다. 이렇게 하고 숲 속을 걸어 보면 풍경들이 평소와 전혀 다르게 보인다. 넘어지지 않도록 맨 앞에서 안내해 주는 사람이 있어야 한다.

| **자연물로 모양 꾸미기** | 장소에 따라 그곳에 있는 자연물들로 다양한 모양을 꾸며 본다.

| **애벌레 산책** | 안대로 눈을 가린 채 앞사람 어깨에 손을 얹고 맨발로 걸으면서 발의 감각과 냄새와 소리 등으로 자연을 느낀다. 교사가 맨 앞에서 다양한 장소로 이끌어 준다.

| **나뭇잎 알아맞히기** | 나무 관찰학습이 끝난 뒤에 한다. 주위 온 나뭇잎들을 한곳에 모아 놓고 학생들을 2~3모둠으로 나눈 다음 모둠원들의 번호를 정한다. 교사가 "1번 산수유" 하면 각 모둠 1번 학생들이 나와서 산수유 잎을 찾아낸다. 먼저 찾아야 점수를 얻는다.

작고 작은 빙고

봄~가을

준비물 확대경 | 장소 학교 화단, 공원, 숲

우리 주변에는 작고 느리지만 아름다운 모습으로 자연을 이루는 생물들이 아주 많답니다. 오늘은 무심코 지나치기 쉬운 자연 속 작은 생물들과 친구가 되는 날! 여러분도 한번 작아져 볼까요?

풀씨	새끼손가락 손톱보다 작은 꽃	민들레의 솜털에 붙어 있는 씨앗
한 알의 모래	땅에 파인 작은 구멍	식물에 난 털
새끼손가락보다 작은 잎사귀	잎에 붙어 있는 작은 벌레	곤충의 알

 꼭 읽어 보세요

1. 맨눈으로는 잘 보이지 않는 작은 친구들이니 확대경이 당연히 필요하겠죠?
2. 곤충의 알이나 작은 벌레들은 살짝만 건드려도 다칠 수 있으니 조심조심 관찰하세요.

* 물방울이 모여 바다가 되고 흙 알갱이가 모여 산이 됩니다. 작은 것들의 소중함에 대해 얘기해 볼까요?

길이 빙고

사계절

준비물 없음 | 장소 야외 어디서나

우리는 밀리미터, 센티미터, 미터, 인치 등 다양한 길이의 단위를 쓰고 있습니다. 오늘은 내 몸을 이용해서 생물들의 길이를 재어 볼까요? 나의 한 뼘, 한 발, 손가락 한 마디에 해당하는 자연의 친구들을 찾아보세요.

한 뼘 길이	손가락 한 마디 길이	엄지손가락 길이
한 아름 길이	새끼손가락 손톱 길이	나의 팔 길이
집게손가락 길이	내 키 높이 길이	내 발 길이

1. 길이 빙고엔 정답이 없답니다. 사람마다 손과 발의 크기가 다르기 때문이에요.
2. 한 뼘이나 한 발과 똑같지 않아도 괜찮아요. 길이 빙고는 내 몸을 이용해서 자연에 좀 더 가까이 다가가기 위해 하는 놀이니까요.

* 내 손톱이나 손가락 길이와 똑같아서 더 친근해진 생물의 이름을 말해 볼까요?

뒹굴뒹굴 빙고

봄~가을

준비물 없음 | 장소 숲

풀밭이나 부드러운 흙 위에 누워 본 적이 있나요? 발로 밟고 있던 땅과 등을 대고 누운 땅의 느낌은 어떻게 다를까요? 서서 보던 하늘과 누워서 보는 하늘은 또 어떻게 다를까요? 뒹굴뒹굴 빙고를 하면서 확인해 보세요.

해님	땅의 온기	숲의 천장
잎 사이 빛내림	두둥실 떠 있는 구름	바람
자연의 소리 3가지	바람에 날리는 식물	하늘을 나는 새

꼭 읽어 보세요

1. 눕기 전에 뾰족한 돌이나 나뭇가지처럼 위험한 물건이 없는지 꼭 확인하세요.
2. 작은 생물들이 없는지도 확인하세요. 여러분은 괜찮겠지만 생물들에겐 큰 위험이니까요.

* 자연은 계절과 날씨뿐 아니라 바라보는 자세에 따라서도 매번 다르게 보인답니다.

밤의 자연 빙고

봄~가을

준비물 없음 | 장소 야외 어디서나

똑같은 나무와 꽃이라도 밤에 보는 모습과 낮에 보는 모습엔 차이가 있어요. 색깔도 달라 보이고 분위기도 다르게 느껴지죠. 고개를 들어 밤하늘을 살펴보고 생물들의 움직임도 관찰해 보세요. 낮과는 또 다른 신비로운 자연을 만날 수 있답니다.

별님	내가 본 또 다른 밤의 풍경	밤하늘의 구름	반딧불이
밤에 우는 새 소리	달님	내가 들은 또 다른 밤의 소리	밤이슬
벌레 소리	나무의 흐릿한 윤곽	자연의 냄새	쌍그림자
밤에 피어 있는 꽃	날개 없는 벌레	나방	내가 느낀 또 다른 밤의 기운

 **꼭 읽어 보세요**

1. 밤에 자연을 관찰할 때 발밑을 주의 깊게 살피면서 걸어야 해요.
2. 깨어 있는 생물들을 찾느라 곤하게 자는 생물들을 괴롭히면 안 되겠죠?

* 밤에 더 아름다운 풍경, 소리, 생물을 각각 하나씩만 말해 볼까요?

나비 빙고

봄~여름

준비물 없음 | 장소 야외 어디서나

팔랑팔랑 날아가는 나비들은 정말 아름답죠? 하지만 그런 모습이 되기까지 아주 오랫동안 애벌레로 살아간다는 걸 잊으면 안 돼요. 그러니까 미래에 나비가 될 애벌레들을 징그럽다고 흉보면 안 되겠죠? 자, 지금부터 나비 빙고를 해 볼까요?

노랑나비	내가 본 또 다른 나비	 푸른부전나비
내가 본 또 다른 나비	 호랑나비	내가 본 또 다른 나비
 네발나비	내가 본 또 다른 나비	배추흰나비

 꼭 읽어 보세요

1. 나비는 이 꽃에서 저 꽃으로 자유롭게 날아다닐 때가 제일 예쁘답니다. 잡지 마세요.
2. 나비들은 한곳에 오래 머물지 않으니 날아가 버리기 전에 빨리 관찰해야 해요.

* 예쁜 나비를 본 뒤엔 그 나비의 애벌레가 어떻게 생겼는지도 꼭 공부해 보세요.

수액과 곤충 빙고

봄~가을

준비물 곤충도감 | 장소 학교 화단, 공원, 숲

숲속 나무줄기에 작은 생물들이 와글와글 모여 있어요. 자세히 보니 꿀물 같은 수액이 흐르고 있네요. 사람들이 맛난 음식을 먹으러 식당에 가듯, 곤충들은 달콤한 수액을 먹으러 나무를 찾는답니다. 오늘은 어떤 손님들이 찾아왔을까요?

장수풍뎅이	나방	사슴벌레
벌	나무쑤시기	꽃무지
사슴풍뎅이	하늘소	개미

꼭 읽어 보세요

1. 벌에 쏘이지 않도록 조심하고, 혹시 필요할지도 모르니 구급약을 꼭 준비하세요.
2. 풍뎅이나 사슴벌레를 장난감처럼 여기지 말아 주세요. 곤충들은 우리와 더불어 살아가는 소중한 생명들이랍니다.

* '아낌없이 주는 나무'라는 말이 있어요. 나무는 사람과 동물들에게 무엇을 줄까요?

자연의 소리 빙고

사계절

준비물 없음 | 장소 공원, 숲

바스락 바스락, 휫휫, 윙~. 어디서 나는 소리일까요? 숲 속에서 눈을 감고 가만히 귀를 기울여 보세요. 여러 가지 자연의 소리들이 저마다 다른 느낌으로 우릴 상쾌하게 만들어 준답니다. 듣는 것도 보는 것 못지않게 즐겁다는 걸 확인해 보세요.

꼭 읽어 보세요

1. 다른 때도 마찬가지지만 소리 빙고를 할 때는 특히 더 조용해야겠죠?
2. 한 번 듣고 잘 모르겠으면 잠시 기다려 보세요. 그럼 틀림없이 또 들릴 거에요.

* 소리의 정체를 알아내는 것도 좋지만 그것보다는 자연의 소리를 즐겁게 감상하는 게 더 중요해요.

자연의 냄새 빙고

사계절

준비물 없음 | 장소 야외 어디서나

어디서 나뭇잎을 태우나요? 매캐한 냄새가 나네요. 물가에서는 비릿한 냄새도 나고요. 자연 속에는 정말 여러 가지 냄새들이 섞여 있죠? 콧구멍을 활짝 열고 숨을 크게 들이쉬면서 자연이 풍겨 주는 냄새들을 맡아 보아요.

꼭 읽어 보세요

1. 한 군데에서 여러 가지 냄새들을 찾는 것보다는 장소를 조금씩 옮기는 게 좋아요.
2. 자연 속엔 유난히 냄새가 많은 장소들이 있답니다. 나뭇잎 수북이 쌓인 곳, 물이 흐르는 곳, 또 어떤 곳들이 있을지 생각해 보세요.

* 숲 속의 새들과 곤충들과 동물들도 여러분의 냄새를 맡고 있다는 걸 잊지 마세요.

자연의 촉감 빙고

사계절

준비물 없음 | 장소 야외 어디서나

버섯은 말랑말랑, 버들강아지는 보들보들, 따개비는 까칠까칠. 자연의 생물들은 생김새만큼이나 다양한 촉감들을 갖고 있어요. 계속 쓰다듬고 싶은 게 있는가 하면, 건드리기가 살짝 망설여지는 것도 있지요. 손끝의 느낌들로 빙고 칸을 채워 볼까요?

말랑말랑	보들보들	까칠까칠
내가 느낀 기분 좋은 촉감	흐물흐물	내가 느낀 불쾌한 촉감
따끔따끔	내가 느낀 또 다른 촉감 단어로 표현하기	물컹물컹

1. 식물 가시에 찔리지 않도록 주의하고, 야생동물은 직접 만지지 마세요.
2. 손끝의 느낌은 사람마다 다르답니다. 친구들끼리 비교해 보는 것도 재미있겠죠?

* 촉감이 좀 이상하거나 불쾌한 생물들은 왜 그런 특징을 갖게 되었을까요?

자연의 맛 빙고

사계절

준비물 없음 | 장소 야외 어디서나

라일락의 잎 모양이 사랑을 상징하는 하트(♡)라는 걸 알고 있나요? 사랑은 과연 어떤 맛인지 궁금하죠? 라일락 잎을 살짝 깨물어 그 맛을 느껴 보세요. 그밖에도 달콤, 새콤, 매콤, 씁쓸한 여러 가지 자연의 맛들을 찾아보세요.

짠 맛	내가 찾은 좋은 맛	비릿한 맛
내가 찾은 이상한 맛	쓴 맛	달콤한 맛
시큼한 맛	고소한 맛	매콤한 맛

꼭 읽어 보세요

1. 먹어도 괜찮은 것인지 어른들께 꼭 확인을 받도록 하세요.
2. 예전에 먹어 본 식물이라고 방심하면 안 돼요. 식물들 중엔 비슷비슷한 생김새가 많고, 같은 식물이라도 계절에 따라 독성이 강해질 수 있으니까요.

* 식물들은 곤충이나 동물들에게 먹히지 않기 위해 어떤 방법을 사용할까요?

해넘이 빙고

사계절

준비물 없음 | 장소 야외 어디서나

해질 무렵의 풍경은 너무나 신비롭고 아름다워요. 노을에 물들며 시시각각으로 변하는 하늘빛은 세계 제일의 화가도 그려 낼 수 없는 자연의 작품이지요. 잠깐 동안이지만 하루 중에서 제일 멋진 해넘이 모습을 관찰해 보세요.

별이 뜨다	내가 본 또 다른 풍경	달이 뜨다	하늘빛이 차츰 변하다
내가 본 또 다른 풍경	지평선 너머로 해가 지다	내가 본 또 다른 풍경	가로등이 켜지다
구름 색깔이 바뀌다	내가 본 또 다른 풍경	저녁노을이 붉게 물들다	색깔들이 낮과 다르게 보이다
그림자가 사라지다	동쪽에 있는 것들이 환하게 빛나다	산의 색깔이 변하다	내가 본 또 다른 풍경

 꼭 읽어 보세요

1. 해넘이를 관찰하려면 주위보다 조금 높고 앞이 탁 트인 곳이 좋겠죠?
2. 날씨와 계절에 따라 해넘이 풍경이 어떻게 달라지는지도 관찰해 보세요.

* 저녁에도 해가 지지 않거나 아침에도 해가 뜨지 않으면 어떤 일이 생길까요?

쓰레기 빙고

사계절

준비물 쓰레기 수거용 봉투, 장갑, 집게 | 장소 야외 어디서나

여러분이 지금 있는 곳은 어디인가요? 예쁜 꽃과 나무, 깨끗한 강과 바다가 눈앞에 펼쳐져 있나요? 혹시 슬그머니 버려진 쓰레기들이 보이지는 않나요? 쓰레기를 치우면서 재미있는 빙고 놀이도 하면 자연도 좋고 여러분도 좋으니 일석이조겠죠?

신발	캔	내가 찾은 다른 쓰레기	과자 봉지
옷이나 헝겊	담배꽁초	컵라면 용기	스티로폼
고무 제품	내가 찾은 다른 쓰레기	비닐 쓰레기	내가 찾은 다른 쓰레기
내가 찾은 다른 쓰레기	유리병	낚시 도구	페트병

꼭 읽어 보세요

1. 오염된 쓰레기들을 주울 때는 반드시 장갑이나 집게를 이용하세요.
2. 쓰레기들을 담아 온 뒤엔 반드시 분리수거해 주는 센스! 잊지 않았죠?

* 숲과 강과 바다에 버려진 쓰레기는 그곳 생물들에게 어떤 영향을 끼칠까요?

숲의 생활 빙고

사계절

준비물 없음 | 장소 숲

수많은 생물들이 새롭게 태어나고 자라나고 사라져 가는 곳. 여러분은 지금 생명의 터전인 숲속에 있습니다. 풀과 나무와 새와 곤충들이 한데 어우러져 엮어 내는 숲의 풍경을 즐겁게 관찰해 보세요.

나무 빙고 ②

사계절

준비물 없음 | 장소 공원, 숲

우리의 얼굴이 모두 다르듯 나무들도 제각기 다른 모습으로 살아갑니다. 주위의 나무들을 하나하나 관찰해 보세요. 나무와 키 재기도 해 보고, 나뭇잎도 유심히 살펴보고, 수피(나무껍질)의 특징도 관찰하다 보면 어느새 하루해가 저문답니다.

자갈 빙고

사계절

준비물 없음 | 장소 강변, 바닷가

강변이나 바닷가 자갈밭에서 가만히 눈을 감아 보세요. 물이 밀려왔다 밀려갈 때마다 멋진 음악 소리가 들린답니다. 크고 작고 둥글고 네모나고 매끄럽고 울퉁불퉁하고 하얗고 검은 갖가지 자갈들. 빙고 놀이를 안 하고 그냥 지나가면 서운하겠죠?

납작한 돌	갈색 돌	내가 찾은 다른 돌	예쁜 무늬의 돌	구멍 있는 돌
내가 찾은 다른 돌	매끈한 돌	울퉁불퉁한 돌	흰색 돌	내가 찾은 다른 돌
여러 색깔 돌	공깃돌	줄무늬 돌	내가 찾은 다른 돌	동물 닮은 돌
검은 돌	내가 찾은 다른 돌	붉그스름한 돌	보석 같은 돌	이끼 낀 돌
내가 찾은 다른 돌	내 발보다 큰 돌	깨소금 뿌린 듯한 돌	내가 찾은 다른 돌	쌍둥이 돌

강변 빙고

사계절

준비물 없음 | 장소 강변

산골짜기에서 졸졸졸 흐르던 시냇물이 너른 들판을 적시며 유유히 흘러가네요. 강물 주변에는 어떤 생물들이 살고 있을까요? 물소리와 새소리, 바람 소리에 귀를 기울여 보고, 시원한 강바람도 흠뻑 쐬어 보세요.

꽃집 빙고

사계절

준비물 원예도감 | 장소 꽃집

꽃집의 꽃들은 들꽃과는 또 다른 느낌으로 우릴 반겨요. 여러분은 어떤 꽃을 제일 좋아하나요? 엄마 아빠에겐 어떤 꽃을 선물하면 좋을까요? 제일 친한 친구에겐 어떤 꽃을 선물할까요? 꽃집에서 예쁜 꽃도 구경하고 빙고 놀이도 하면 정말 재미있겠죠?

안개꽃	카네이션	프리지어	다알리아	메리골드
선인장	장미	백합	수국	마거리트
수선화	피튜니아	베고니아	백일홍	꽃잔디
붓꽃	제라늄	시클라멘	사루비아	칼라
포인세티아	접시꽃	내가 찾은 다른 꽃	팬지	채송화

채소 빙고

사계절

준비물 없음 | 장소 텃밭, 주말농장, 채소 가게, 마트

채소의 종류는 아주 많고 맛도 저마다 달라요. 하지만 건강에 좋다는 건 모두 똑같답니다. 텃밭이나 주말농장, 채소 가게나 마트에서 파릇파릇 싱싱한 갖가지 채소들을 찾아보세요. 그러다 보면 향긋한 채소 비빔밥이 먹고 싶어질 거예요.

어시장 빙고

사계절

준비물 없음 | 장소 어시장, 마트

시장이나 마트에서 제일 구경거리가 많은 곳은 어디일까요? 어시장, 즉 수산물 코너랍니다. 온갖 종류의 생선과 조개와 해산물들이 저마다의 생김새를 뽐내며 빼끔거리고 있는 곳! 빙고를 안 하고 그냥 지나치면 서운해서 잠이 안 올지도 몰라요.

버스에서 본 풍경 빙고

사계절

준비물 없음 | 장소 버스 안

달리는 버스 안에서 바깥 풍경을 관찰해 보세요. 예쁜 꽃과 나무들, 여러 가지 모양과 색깔의 건물들이 보이죠? 산과 강과 논밭도 휙휙 지나가고요. 빠르게 지나가는 풍경이지만 놓치지 말고, 여러분이 본 것들을 표시해 보세요.

서울숲 빙고

봄~가을

준비물 확대경, 각종 도감

서울숲의 넓이는 35만 평! 서울에서도 첫손에 꼽힐 만큼 넓은 공원이에요. 원래 골프장과 승마장이 있던 곳인데 2005년에 시민들의 휴식 및 자연학습 공간으로 바꿨답니다. 멋진 생물들이 아주 많은 곳이니까 꼼꼼하게 하나하나 살펴보세요.

내용 및 사진 제공 : 서울숲사랑모임

군마상	스트로브잣나무 바늘잎	거울 연못	직박구리
화살나무줄기의 날개	응봉산정자	자작나무 하얀수피	대왕참나무 멋진잎
복자기열매	연못 속의 물고기	거인의 나라	튤립나무잎
느티나무비대칭잎	붉은인동덩굴	솔방울	인공둥지상자

http://parks.seoul.go.kr/seoulforest

꼭 읽어 보세요

1. 서울숲은 문화예술공원, 생태숲, 체험학습원, 습지생태원, 한강수변공원 등으로 이루어져 있어요.
2. 안내소에서 나눠 주는 지도를 보면 탐방이 훨씬 쉬워진답니다.

* 골프장이나 승마장보다 숲이 훨씬 더 소중한 이유를 한 가지씩 말해 볼까요?

언제 어디서나 빙고 ①

사계절

준비물 없음 | 장소 언제 어디서나

1. <보기>에 있는 식물들 중 9개, 또는 동물들 중 9개를 마음대로 골라서 빈칸에 적어요.
2. 서로 번갈아 가며 자기가 적은 이름을 하나씩 부르면 모두들 그 이름이 적힌 칸에 표시를 해요.
3. 제일 먼저 3줄을 채운 사람(또는 모둠)이 "빙고!"를 외쳐요.

○	○	○
○	○	○
○	○	○

보기

식물 개나리, 진달래, 느티나무, 소나무, 잣나무, 양버즘나무, 은행나무, 회양목, 화살나무, 개구리밥, 개망초, 큰개불알풀, 꽃마리, 금낭화, 매발톱, 구상나무, 떡갈나무, 산수유, 연꽃, 수수꽃다리, 자작나무, 조롱박, 칠엽수, 할미꽃, 흰민들레.

동물 네발나비, 매미, 무당벌레, 사슴벌레, 여치, 사마귀, 하루살이, 나방, 왜가리, 갈매기, 두루미, 흰뺨검둥오리, 독수리, 오목눈이, 기러기, 고라니, 너구리, 삵, 가리비, 말뚝망둥어, 키조개, 서해비단고둥, 어름치, 따개비, 반달가슴곰.

언제 어디서나 빙고 ②

사계절

준비물 없음 | 장소 언제 어디서나

빙고는 하고 싶은데 야외에 나갈 수 없을 때, 친구들과 함께 이 페이지를 펼쳐 보세요. 방법은 앞 페이지와 똑같아요. 단, 이번에는 〈보기〉에 있는 식물과 동물을 섞어서 25개를 골라 빈칸에 적어야 해요. 제일 먼저 5줄을 채운 사람(또는 모둠)이 "빙고!"를 외쳐요.

알쏭달쏭 자연 퀴즈

누가 누가 잘 풀까?

* 퀴즈 정답은 112~113쪽에 있습니다.

참나무 6형제 퀴즈

사계절

떡갈나무, 신갈나무, 상수리나무, 졸참나무, 굴참나무, 갈참나무를 '참나무 6형제'라고 불러요.
숲을 지키는 여섯 형제들의 잎과 열매를 줄을 그어서 연결해 보세요.

참나무는 '진짜 나무'라는 뜻이에요. 워낙 쓸모가 많고 쓰임새가 다양한 나무라서 조상들이 그런 이름을 붙여 줬지요. 참나무 목재는 아주 단단해서 집을 짓거나 가구를 만드는 데 쓰이고, 열매는 쌉싸름한 도토리묵의 재료가 된답니다. 숯 중에서 최고로 치는 참숯도 참나무로 만들지요.

| 참나무 6형제 구별법 | 둘씩 짝을 지어 익히면 쉽게 배울 수 있어요.

상수리나무, 굴참무: 둘 다 잎이 좁고 길며 잎자루도 길어요. 잎 끝에는 뾰족한 침이 있고 열매가 큰 편이랍니다. 굴참나무는 뒷면이 회백색이어서 상수리나무와 쉽게 구별할 수 있어요.

신갈나무, 떡갈나무: 둘 다 잎이 크고 두꺼우며 잎자루가 거의 없어요. 신갈나무 잎은 봄에 6형제 중 제일 먼저 나오는데, 나뭇가지 끝에 모여 있는 것처럼 보인답니다. 떡갈나무 잎의 뒷면은 황갈색이고 털이 많으며, 6형제 중 잎이 제일 커요.

갈참나무, 졸참나무: 둘 다 잎과 열매가 작은 편이고 잎자루가 짧아요. 잎 뒷면의 주맥(잎 가운데 세로로 나 있는 제일 굵은 잎맥) 위에 털이 있으면 졸참나무예요. 갈참나무 잎엔 털이 없고 뒷면이 회백색이랍니다.

| 노래로 배우는 참나무 | 진짜 나무 참나무 여섯 가지다.

떡 싸먹는 떡갈나무
임금님 상 상수리나무
껍질 굵은 굴참나무
신발 가는 신갈나무
껍질 가는 갈참나무
쫄병 나무 졸참나무

떡갈나무: 참나무 중 잎이 가장 크답니다. 떡을 싸먹을 만큼. 뽀송뽀송 솜털도 많아요.

상수리나무: 옛날 임금님 수라상에 올리는 도토리묵은 상수리 열매로 만들었대요.

굴참나무: 굵은 나무껍질로 굴피집을 지으면 벌레와 습기를 걱정할 필요가 없었답니다.

신갈나무: 옛날엔 짚신이 닳으면 신갈나무 잎으로 신발 밑창을 삼았어요.

갈참나무: 나무껍질이 옷을 갈아입어요.

졸참나무: 6형제 중 잎과 열매가 제일 작아서 쫄병이에요. 하지만 도토리는 제일 맛있답니다.

- 상수리나무
- 굴참나무
- 졸참나무
- 신갈나무
- 갈참나무
- 떡갈나무

나무 퀴즈

봄~가을

어떤 나무는 껍질이 거북이 등처럼 갈라져 있고 잎은 뾰족해요. 또 어떤 나무는 껍질이 하얗고 잘 벗겨지지요. 잎이나 열매도 제각기 생김새가 다르고요. 나무들의 껍질과 잎과 열매를 줄 긋기를 통해 익혀 볼까요?

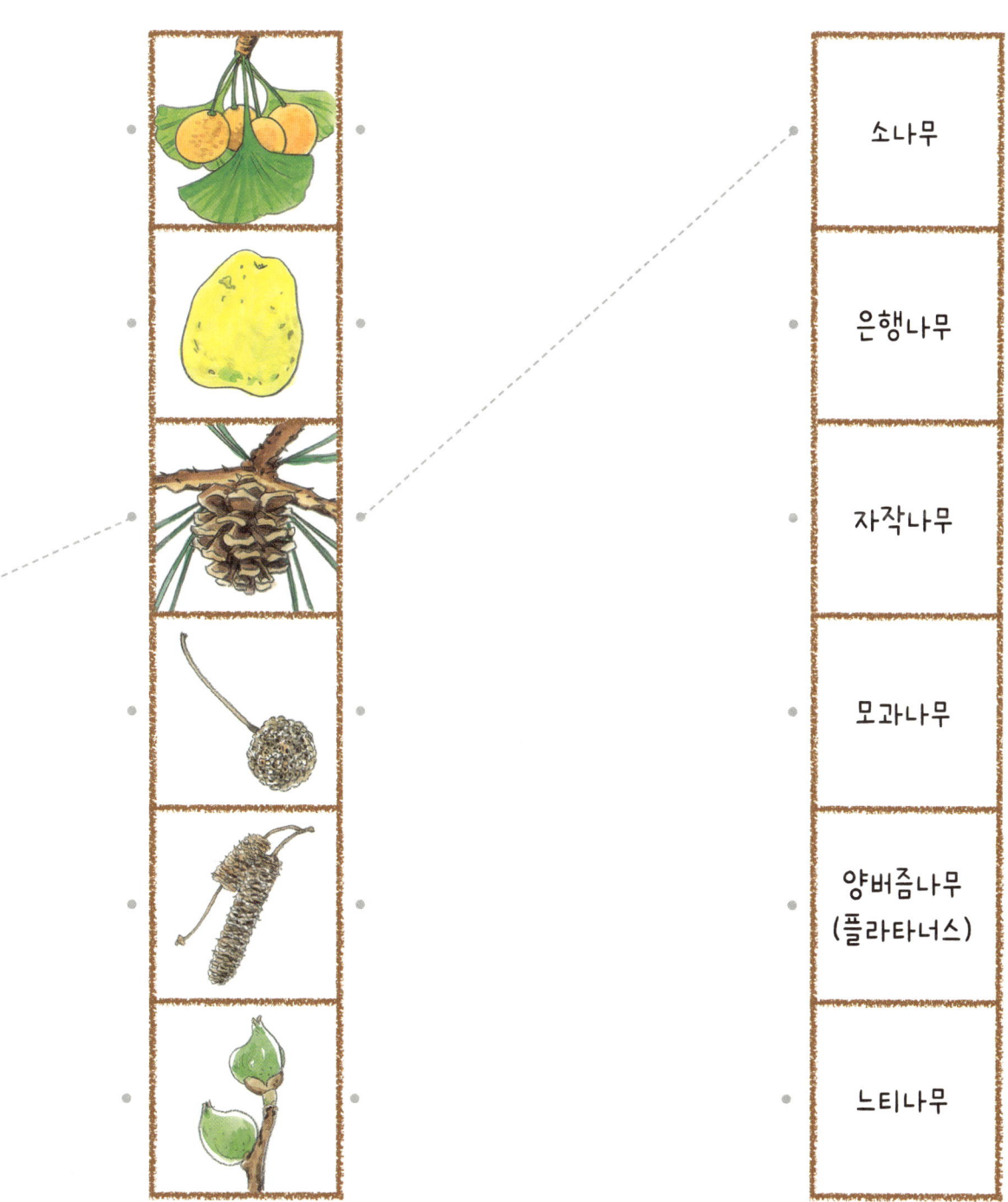

겨울눈 연결하기

봄

추운 겨울을 이겨 낸 나무들이 봄을 맞아 다시 잎과 꽃을 피워 내려 해요. 나무들마다 조금씩 다른 겨울눈의 생김새를 줄 긋기를 통해 익혀 보세요.

- 일본목련
- 백목련
- 영산홍
- 왕벚나무
- 느티나무
- 개나리
- 사철나무
- 산수유

새 부리 특징 찾기

사계절

새들은 환경에 적응하는 과정에서 부리 모양이 제각기 달라졌어요. 사는 곳과 먹이에 따라 생김새와 기능이 어떻게 다른지 줄 긋기를 통해 알아볼까요?

우리 고장을 상징하는 새는?

세계 각국의 크고 작은 도시들은 모두 자기 지역을 상징하는 새, 꽃, 나무 등을 정해 놓고 있어요. 내가 살고 있는 고장을 상징하는 새가 무엇인지 알고 나면 그 새가 훨씬 친근하게 느껴지겠죠?

서울
인천
경기도
강원도
충청북도
대전
충청남도
경상북도
경상남도
대구
울산
부산
전라북도
전라남도
광주
제주

야생동물 발자국을 찾아라!

야생동물들은 사람의 눈에 띄지 않기 위해 늘 몸을 숨기지만 발자국마저 숨기지는 못해요. 인디언들은 발자국이나 배설물만 보고도 어떤 동물이 언제 지나갔는지 정확히 알아낸답니다. 우리나라 야생동물들의 발자국은 어떻게 생겼을까요?

저어새 얼굴 찾기

강화도를 비롯한 우리나라 서해안의 섬과 갯벌엔 저어새라는 아주 드물고 귀한 새가 살고 있어요. 천연기념물 제205-1호인 저어새에 대해 자세히 알아볼까요? 그 전에 우선 저어새의 생김새부터 알아맞혀 보세요. 오른쪽 페이지 4개의 얼굴들 중 저어새는 몇 번일까요?

몸길이(부리 끝~꼬리 끝) 60~80cm | 날개 폈을 때 너비 110cm

바다가 오염되고 갯벌이 사라지면서 저어새들이 살아가기가 점점 힘들어지고 있어요. 소중한 친구 저어새들은 지금 우리의 도움을 간절히 기다리고 있답니다.

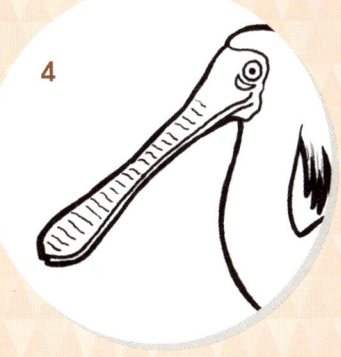

왜 이름이 '저어새'일까요?

먹이를 찾는 방법이 아주 독특하기 때문이에요. 저어새는 긴 구두주걱처럼 생긴 부리를 물속에 넣고 휘휘 저으면서 먹이를 찾는답니다. 부리가 아주 부드럽고 말랑말랑하고 예민하거든요. 그러다가 부리 끝에 먹잇감이 닿으면 날름 삼켜 버리지요.

그렇게 늘 휘휘 저어서 이름도 저어새가 되었답니다. 옛날엔 부리로 밭갈이(쟁기질)를 하는 것 같다고 해서 '가리새'라고 불렀대요.

왜 귀한 새일까요?

저어새는 지구 전체에 겨우 3천여 마리밖에 없어요. 그래서 대한민국 정부에서도 천연기념물이자 멸종위기종 1급으로 정해 놓고 보호에 힘쓰고 있지요.

뭘 먹고 어디에서 살까요?

저어새는 지구에서 단 한곳, 우리나라에서만 번식해요. 봄이 되면 머리 뒤쪽의 댕기깃과 가슴털이 노랗게 바뀐 저어새들이 한강 하구와 인천 앞바다의 작은 바위섬들, 강화도 남쪽 갯벌 각시바위 등에 접시 같은 둥지를 틀고 예쁜 아기 새들을 낳는답니다.

저어새들은 강과 바다가 만나는 곳(하구)의 얕은 물이나 갯골에서 주로 먹이 활동을 해요. 어미새들은 논에서 미꾸라지나 붕어를 잡기도 하지요. 아기 저어새들이 짠 먹이를 못 먹기 때문이에요.

날씨가 추워지면 저어새들은 제주도나 일본, 대만, 홍콩 같은 따뜻한 남쪽으로 이동해서 겨울을 나요. 그리고 이듬해 봄에 다시 돌아온답니다. 이렇게 겨울에 멀리 떠났다가 봄에 되돌아오는 새들을 여름 철새라고 해요.

저어새와 노랑부리저어새

저어새 부리는 까만색이지만 사촌뻘인 노랑부리저어새(천연기념물, 멸종위기종 2급)는 이름 그대로 부리 끝이 노란색이에요. 저어새는 얼굴까지 까매서 눈이 잘 안 드러나지만 노랑부리저어새는 눈이 또렷이 드러난다는 차이가 있지요. 그리고 노랑부리저어새는 저어새와 반대로 봄에 떠났다가 겨울에 돌아오는 겨울 철새랍니다.

두루미 얼굴 찾기

저어새 못지않게 소중한 또 하나의 친구는 두루미예요. 연하장 그림에 흔히 등장하는 우아한 '학'이 바로 두루미랍니다. 천연기념물 제202호인 두루미의 이모저모를 함께 살펴볼까요? 그 전에 우선 두루미의 생김새부터 알아맞혀 보세요. 오른쪽 페이지 4개의 얼굴들 중 두루미는 몇 번일까요?

몸길이(부리 끝~꼬리 끝) 140cm | 날개 폈을 때 너비 240cm

두루미는 예로부터 장수, 행운, 절개의 상징이었지만 지금은 멸종을 걱정해야 할 만큼 숫자가 줄었어요. 이 멋진 친구들이 다시 우리 곁에 돌아오도록 함께 힘써야겠죠?

왜 이름이 '두루미'일까요?
'뚜루룩 - 뚜루룩 - ' 하는 맑은 울음소리 때문에 그런 이름이 붙었다고 해요. 한자로는 '학'인데, '정수리가 붉은 학'이라는 뜻의 '단정학'이라고도 부르지요.

왜 귀한 새일까요?
두루미는 지구 전체에 겨우 2천8백여 마리밖에 없어요. 그래서 저어새와 마찬가지로 천연기념물이자 멸종위기종 1급으로 지정되어 있답니다.

어디에서 살까요?
지구에 남아 있는 두루미들 중 절반 정도인 1천3백여 마리는 일본의 홋카이도에서 텃새로 살아가고 있어요. 나머지 절반은 번식지인 러시아 아무르강 유역의 습지에서 살다가 겨울이 되면 따뜻한 남쪽으로 내려오는데, 그중 3분의 2가 우리나라로 와서 겨울을 난답니다.

옛날엔 우리나라 곳곳에 두루미들이 아주 많았어요. 부산의 '동래학춤'은 옛사람들이 두루미의 춤을 흉내 내서 만든 것이랍니다. 두루미들은 마을 근처의 추수가 끝난 논에서 곡식을 주워 먹기 때문에, 마을 이름 중에도 '학'자가 들어가는 곳들이 아주 많았어요.

하지만 지금은 두루미를 만나기가 하늘의 별 따기처럼 어려워졌어요. 사람들이 쉽게 드나들 수 없는 휴전선 근처 민통선(민간인 통제 구역) 지역에서만 겨우 볼 수 있지요. 두루미들이 마음 놓고 먹이를 먹거나 쉴 수 있는 곳들이 죄다 사라졌기 때문이에요.

두루미 3형제
겨울엔 두루미보다 약간 체격이 작은 재두루미와 흑두루미도 우리나라를 찾아요. 새하얀 옷에 빨간 모자를 쓴 두루미가 맏형, 회색 옷에 빨간 안경을 낀 재두루미는 둘째 형, 까만 옷에 빨간 모자를 쓴 자그마한 흑두루미는 막내라고 보면 돼요. 재두루미들은 한강 하구와 서해안 남해안 습지에서, 흑두루미들은 주로 순천만에서 겨울을 난답니다.

낱말 퍼즐

아래의 낱말들을 찾아서 색칠해 보세요.

공	사	이	로	버	스	시	이	아	나	수	나	그	기	알
지	생	물	리	디	애	도	흰	긴	수	염	고	래	프	리
사	대	리	라	틀	백	리	오	대	포	수	리	스	트	바
지	리	오	추	비	가	두	지	리	산	고	산	프	리	레
오	헨	장	사	둘	지	만	산	둘	고	맥	들	천	프	미
우	다	우	람	리	영	두	맥	호	래	라	바	적	존	스
로	주	드	봄	의	묵	침	물	수	랑	어	레	저	뮤	소
소	로	오	대	태	시	그	시	리	미	이	스	라	어	리
드	마	래	늑	호	이	랜	리	랑	첼	가	트	쓰	미	새
비	이	된	도	먹	스	드	아	카	원	지	녹	색	평	론
이	르	미	식	사	트	캐	슨	마	정	초	라	장	무	드
데	이	래	물	스	콧	니	어	링	존	정	티	소	가	세
리	이	헤	천	번	어	언	소	파	도	리	아	게	오	영
헨	든	릭	이	반	달	곰	북	극	우	리	속	고	렝	조
월	드	리	사	디	라	마	의	나	의	첫	여	름	소	세

멸종 위기에 처한 생물 – 흰긴수염고래, 백두산호랑이, 반달곰, 늑대, 저어새
생태학 개념 – 공생, 먹이그물, 식물천이, 천적, 의태
자연 경관 – 지리산, 아마존, 세렝게티 초원, 그랜드캐니언, 알프스산맥
자연주의 사상가 – 레이첼 카슨, 존 뮤어, 헨리 데이비드 소로우, 시애틀 추장, 스콧 니어링
생태책 제목 – 침묵의 봄, 나의 첫 여름, 월든, 오래된 미래, 녹색평론

날갯짓 빙고

도전! 빙고의 달인

들꽃 빙고

봄~여름

준비물 식물도감, 확대경 | 장소 학교 화단, 공원, 숲

자신 있는 친구들만 도전하세요. 한 번에 다 못 찾으면 여러 번에 걸쳐서 해도 괜찮아요. 들풀과 들꽃을 알아보는 실력이 눈에 띄게 좋아질 거예요.

곤충 빙고

봄~가을

준비물 곤충도감 | 장소 학교 화단, 공원, 숲

자신 있는 친구들만 도전하세요. 한 번에 다 못 찾으면 여러 번에 걸쳐서 해도 괜찮아요. 이 빙고를 열심히 한 친구들 중 누군가가 훗날 한국의 파브르가 될 수도 있어요.

나뭇잎 빙고

봄~가을

준비물 식물도감 | 장소 학교 화단, 공원, 숲

자신 있는 친구들만 도전하세요. 한 번에 다 못 찾으면 여러 번에 걸쳐서 해도 괜찮아요. 이 빙고를 모두 성공하고 나면 바람에 날리는 낙엽만 봐도 금방 정체를 알아낼 만큼 뛰어난 나뭇잎 도사가 될 거예요.

은행나무 잎	단풍나무 잎	왕벚나무 잎	감나무 잎	장미 잎
소나무 잎	느티나무 잎	주목 잎	계수나무 잎	무궁화 잎
회양목 잎	스트로브잣나무 잎	메타세쿼이아 잎	개나리 잎	수수꽃다리 잎
상수리나무 잎	칠엽수 잎	내가 찾은 다른 나뭇잎	중국단풍 잎	물오리나무 잎
자귀나무 잎	튤립나무 잎	등나무 잎	양버즘나무 잎	산수유 잎

열매 빙고

가을

준비물 식물도감 | 장소 학교 화단, 공원, 숲

자신 있는 친구들만 도전하세요. 한 번에 다 못 찾으면 여러 번에 걸쳐서 해도 괜찮아요. 빙고를 통해서 나무 척척박사가 될 수만 있다면, 여러분이 찾은 열매들보다 훨씬 더 훌륭한 결실을 맺는 셈이니까요.

물새 빙고

가을~겨울

준비물 조류도감, 망원경 | 장소 강변, 저수지, 하구, 바닷가

자신 있는 친구들만 도전하세요. 한 번에 다 못 찾으면 여러 번에 걸쳐서 해도 괜찮아요. 여기 있는 물새들을 다 찾고 나면 아마 여러분도 날개를 달고 하늘로 훨훨 날아가는 기분이 들 거예요.

청둥오리	민물가마우지	혹부리오리	댕기흰죽지	비오리
고방오리	쇠오리	논병아리	물닭	황오리
괭이갈매기	왜가리	흰뺨검둥오리	내가 찾은 다른 물새	큰고니
원앙	쇠기러기	흰죽지	넓적부리	검은머리갈매기
쇠백로	두루미	재두루미	중대백로	검은머리물떼새

갯벌 빙고

봄~가을

준비물 갯벌도감, 장화 | **장소** 연안갯벌, 하구갯벌

자신 있는 친구들만 도전하세요. 한 번에 다 못 찾으면 여러 번에 걸쳐서 해도 괜찮아요. 갯벌이 얼마나 많은 생명들의 터전인지 깨닫는 건 빙고 완성보다 훨씬 의미 있는 일이랍니다. 그래도 기왕이면 빙고는 다 완성하는 게 좋겠죠?

농게	찰게	방게	갈매기	죽은생물
말뚝망둥어	갈대	칠면초	놀이하는 아이들	고둥이지나간흔적
갯메꽃	게구멍	해당화	뻘탑	도요새
갯털	나문재	갯골	퉁퉁마디	서해비단고둥
밤게	구멍 뚫린 조개껍데기	쉬고있는새	따개비	내가 찾은 또 다른 갯벌 생물

내가 색칠하는 나뭇잎과 그루터기

내가 색칠하는 거미와 잠자리

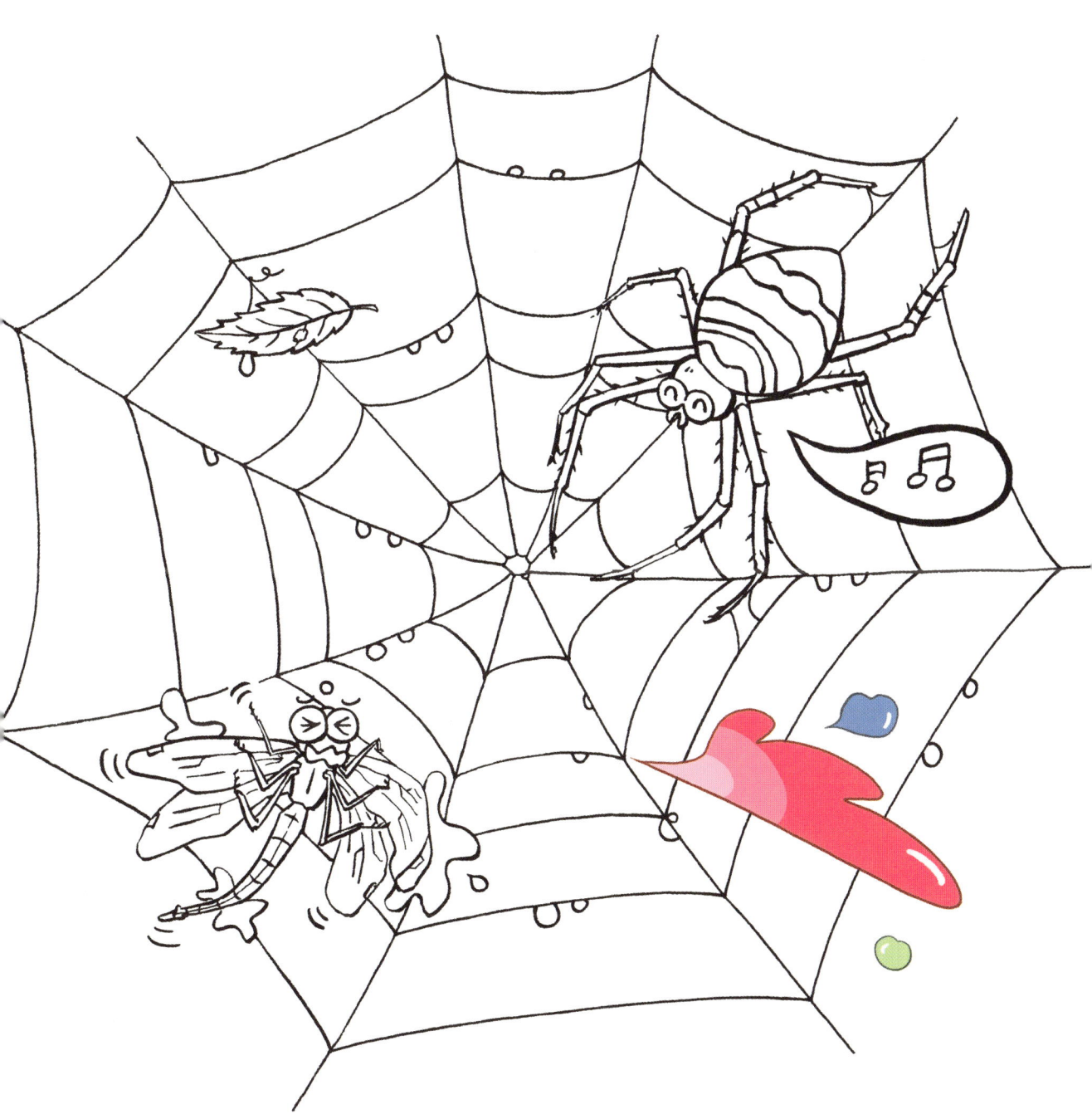

내가 색칠하는 꽃과 나비

내가 색칠하는 기린

빙고 수업안 1

들꽃과 만나요!

활동에 들어가기 전에

4월이면 겨울 내내 움츠렸던 생명들이 여기저기에서 얼굴을 내민다. 무심코 지나치기 쉬운 학교 화단이나 동네 공원의 작은 들꽃들을 빙고 놀이를 통해 찾아봄으로써 자연에 대한 관심과 사랑을 가질 수 있도록 한다.

이렇게 준비하세요

빙고책, 식물도감, 확대경, 학교 화단 지도, 필기 도구, 야생화 사진 PPT

이렇게 진행하세요

실내 : ① 들꽃 슬라이드 사진들(예시 1)을 보며 봄에 피는 들꽃들의 생김새와 특징을 익힌다.

〈예시 1〉

실외 : ① 활동 장소에서 개인별, 또는 모둠별로 빙고 놀이를 해 본다.
- '들꽃 빙고'(16쪽) 하단의 '꼭 읽어 보세요'를 함께 읽는다.
- 빙고 칸에 있는 9개의 꽃들을 하나하나 찾아서 표시한다.

- 가로, 세로, 대각선으로 3줄을 표시하면 "빙고!"를 외친다.
- 제일 먼저 빙고를 외친 개인이나 모둠에게는 작은 선물(친환경적인 것)을 준다.
② 16쪽 빙고 놀이가 끝나면 '내가 만드는 들꽃 빙고(17쪽)'를 다 함께 시작한다.
③ 각 칸에 지정되어 있는 그리기, 설명하기, 퀴즈 풀기 등을 반드시 수행하도록 한다.
④ 놀이를 마친 뒤엔 나눔 시간을 갖는다.
- 오늘 만난 들꽃들에 대한 느낌과 빙고 놀이에 대한 소감을 이야기한다.
- 16쪽 맨 아랫줄에 실린 질문에 대해 서로의 생각을 나누고 수업을 마무리한다.

빙고 수업안 2

갯벌에서 놀아요!

활동에 들어가기 전에

갯벌은 탁월한 자연정화 및 재해조절 능력을 지닌 습지로서, 그리고 다양한 생물종들의 서식 및 산란지로서 생태적으로 매우 중요한 역할을 함에도 불구하고, 끊임없는 개발과 무분별한 간척사업 등으로 현재 심각한 위기에 놓여 있다.

갯벌 생물들을 직접 찾아보는 빙고 놀이를 통해 갯벌의 중요성과 갯벌 파괴의 심각성을 깨닫게 하고, 인간과 자연이 공존할 수 있는 방법을 이야기해 본다.

이렇게 준비하세요

간편한 복장, 샌들, 페트병 또는 관찰통, 빙고책

이렇게 진행하세요

| 갯벌 만나기 |
① 하천과 갯벌이 만나는 지점을 관찰하며 갯벌 주변에 모여 앉는다.
② 오감을 이용하여 다양한 모습과 소리, 냄새 등을 느껴 본다.

| 갯벌 생물 관찰하기 |
① 멀리서 관찰하기
→ 쌍안경, 필드스코프 등을 이용하여 갯벌 생물들을 멀리서 관찰한다.

② 가까이에서 자세히 관찰하기
→ 뻘탑 관찰
- 자기 주위의 뻘 관찰하기
- 뻘탑 옆에 앉아 자세히 관찰하기
- 뻘탑 주변 생물들의 움직임 관찰하고 이야기 나누기

→ 염생 식물 관찰
- 주변의 식물 관찰하기
- 다른 곳의 식물과 다른 점 발견하기
- 살짝 천에 물들여 보거나 맛보기

```
                    ┌─ 모둠원들끼리 서로 다른 게 찾아보기
    ⋯⋯ 게 관찰 ─────┼─ 페트병 또는 관찰통에 담아 놓고 관찰하기
                    ├─ 전체적인 몸의 모양, 다리의 모양, 눈의 생김새, 걷는
                    │  모습 등 자세히 살피기
                    └─ 도감에서 게의 이름 확인하기
```

| 갯벌 빙고 놀이하기 | ① 모둠별로 갯벌에서 관찰했던 생물들을 찾아 초급(3×3) 또는 중급(5×5) 빙고 를 완성한다.

② 빈칸은 모둠별로 발견한 새로운 생물들로 채워 넣는다.

③ 초급은 3줄, 중급은 5줄을 채우면 "빙고!"를 외친다.

④ 빙고 놀이가 끝난 뒤엔 반드시 생물들을 제자리에 되돌려 놓는다.

| 갯벌 생각하기 | ① 갯벌에서 놀며 생각하거나 느낀 점 나누기

② 갯벌 다녀온 느낌 글로 쓰기, 갯벌 그리기

③ '갯벌은 ○○○다'로 갯벌의 기능 정리하기

갯벌은 ○○○다 로 갯벌의 기능에 대해 정리해 볼까요?

갯벌은	?	이다.	왜냐하면…	철새들의 보금자리 또는 쉼터니까
	?			조개, 게, 물고기들이 새끼들을 낳고 키우는 곳이니까
	스펀지			빗물을 흡수하고 홍수를 방지하니까
	?			오염된 물을 여과해서 깨끗하게 바꿔 주니까
	?			우리에게 다양한 먹을거리들을 선사해 주니까

퀴즈 정답

17쪽
① 줄기 속의 노란 액즙 때문에
② 서양민들레는 꽃받침이 뒤집혀 있고 토종민들레는 꽃받침이 올라붙어 있음.
③ 오랑캐꽃, 앉은뱅이꽃, 병아리꽃, 장수꽃, 씨름꽃, 외나물 등.

19쪽
① 약 3~4일
② 발음 기관(진동막)을 진동시키거나 몸의 일부(날개, 다리, 배 등)를 마찰시켜서
③ 여왕, 일, 병정

21쪽
① 자작나무 ② 줄기
③ 일조량과 기온의 변화를 통해서

23쪽
① 은행나무 잎   ② 활
③ 습도가 낮아지는 가을엔 잎의 광합성이 멎고 엽록소(녹색)가 분해되기 때문에 다른 색소들이 드러나면서 색깔이 변한다. 겨울엔 나무에 영양분이 부족하므로 잎으로 가는 영양분을 아끼기 위해 잎을 모두 떨어뜨린다.

25쪽
① 밤   ② 도토리   ③ 조롱박

27쪽
① 개나리 ② 괭이밥 ③ 산수유

29쪽
① 은행잎, 단풍나무 잎 ② 엽록소 ③ 갈색

31쪽
① 늘푸른나무 ② 사철나무, 동백나무, 회양목 등
③ 바닷물의 염분으로 인해 강물보다 어는점이 낮기 때문

33쪽
① 작다는 뜻. 쇠기러기, 쇠박새, 쇠가마우지 등도 마찬가지.
② 가마우지는 물속 깊이 잠수하여 물고기를 사냥한다. 잘 길들인 가마우지의 목 아랫부분을 끈으로 졸라매 두면 사냥한 물고기를 완전히 삼킬 수 없기 때문에 어부들이 손으로 꺼낼 수 있다.
③ 얕은 곳에 있는 오리들은 물에 뜬 채 머리만 물속으로 넣어서 먹이 활동을 하는 '수면성 오리'. 깊은 곳에 있는 오리들은 물속으로 잠수해서 사냥을 하는 '잠수성 오리'.

35쪽
① 부들   ② 연꽃
③ 연꽃은 잎자루가 길어서 잎과 꽃이 수면 위로 높이 떠 있고, 수련은 잎자루가 짧아서 잎과 꽃이 물에 둥둥 떠 있는 것처럼 보인다. 꽃과 잎의 크기도 연꽃이 더 크다.

37쪽
① ×   ② ○   ③ ○

39쪽
① 씨앗   ② 애, 단, 늙은   ③ 노란색

84쪽

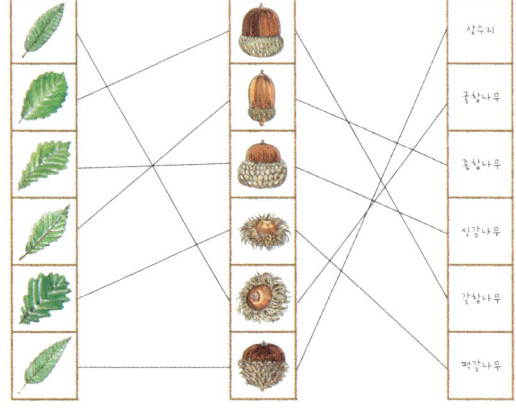

86~87쪽

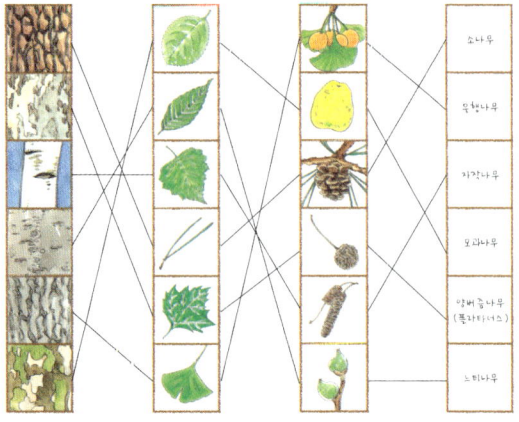

88쪽

89쪽

90쪽

91쪽
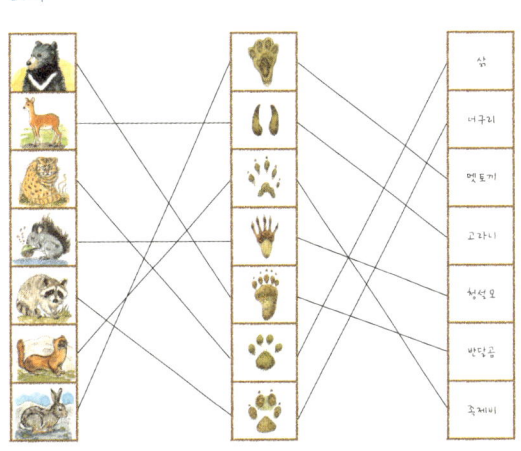

92쪽 ④
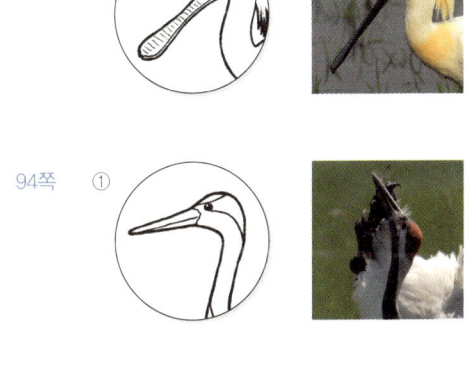

94쪽 ①

96쪽
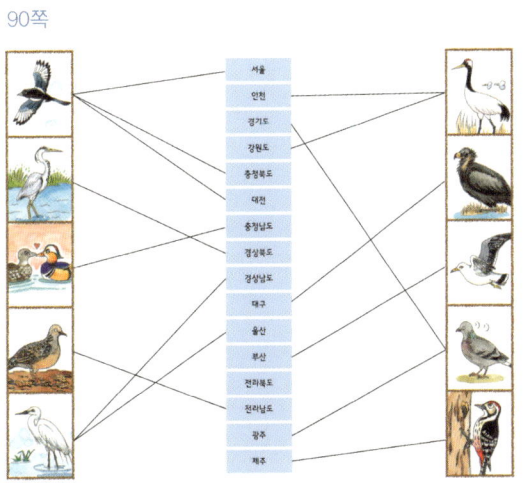

식물 (들풀, 나무, 나뭇잎, 열매)

가이츠카향나무 잎 49
가지 38, 77
갈대 36, 103
갈참나무 잎 84
감 24, 101
감나무 잎 100
감자 38, 77
개구리밥 34
개구리자리 98
개나리 26, 48
개나리 겨울눈 88
개나리 잎 100
개쑥갓 98
갯메꽃 36, 103
계수나무 잎 100
고구마 77
고추 38
광대나물 16, 98
괭이밥 16, 26, 98
굴참나무 잎 84
꽃다지 16, 26, 98
꽃마리 16, 98
꽃잔디 76
구상나무 잎 49
나문재 103
냉이 16, 98
느티나무 겨울눈 88
느티나무 껍질 86
느티나무 열매 87
느티나무 잎 22, 80, 86, 100
다알리아 76
단풍나무 잎 22, 28, 100

당근 77
대왕참나무 잎 80
대추 24, 101
덩굴식물 72
도토리 24, 72, 101
돌나물 98
동백나무 48
등나무 잎 100
때죽나무 열매 24, 101
떡갈나무 잎 84
리기다소나무 잎 49
마거리트 76
마늘 77
매발톱 98
메리골드 76
메타세쿼이아 열매 101
메타세쿼이아 잎 22, 100
모감주나무 열매 24, 101
모과 87, 101
모과나무 껍질 86
모과나무 잎 86
무 77
무궁화 잎 100
물오리나무 열매 101
물오리나무 잎 100
민들레 16, 26, 54, 58, 60, 98
밤 24, 101
배추 77
백목련 48
백목련 겨울눈 88
백일홍 76
백합 76

버드나무 75
버섯 72
벚나무 48
베고니아 76
별꽃 98
복자기 열매 80
봄맞이꽃 98
부들 34
부레옥잠 34
붉은인동 80
붓꽃 76
브로콜리 77
뽀리뱅이 98
사루비아 76
사철나무 겨울눈 88
산딸나무 열매 101
산수유 열매 24, 101
산수유 26, 48
산수유 겨울눈 88
산수유 잎 100
상수리나무 잎 84, 100
상추 38, 77
선인장 76
소나무 껍질 86
소나무 잎 22, 49, 86, 100
솔방울 24, 80, 87, 101
쇠뜨기 98
수국 76
수련 34
수박 77
수선화 76
수세미 101

수수꽃다리 잎 100
수액 65, 72
스트로브잣나무 잎 22, 49, 80, 100
시클라멘 76
신갈나무 잎 84
쑥갓 38, 77
안개꽃 76
애기똥풀 16, 26, 98
애호박 77
양버즘나무 껍질 86
양버즘나무 열매 87
양버즘나무 잎 86, 100
양상추 77
양송이 77
양지꽃 98
양파 77
연꽃 34
열무 38
영산홍 48
영산홍 겨울눈 88
오이 77
옥수수 38
왕벚나무 겨울눈 88
왕벚나무 잎 22, 100
은행 24, 87, 101
은행나무 껍질 86
은행나무 잎 22, 28, 86, 100
이끼 72
일본목련 겨울눈 88
일본목련 열매 101
자귀나무 잎 100
자운영 98
자목련 48
자작나무 껍질 80, 86
자작나무 열매 87
자작나무 잎 86
잣나무 열매 101
잣나무 잎 49

장미 76
장미 잎 100
접시꽃 76
제라늄 76
제비꽃 16, 98
조개나물 98
조롱박 101
졸참나무 잎 84
좀작살나무 열매 101
주름잎 98
주목 열매 101
주목 잎 22, 49, 100
중국단풍 잎 100
쥐똥나무 열매 101
진달래 48
질경이 58, 98
참나무 84
채송화 76
측백나무 잎 49
치커리 77
칠면초 36, 103
칠엽수 잎 100
카네이션 76
칼라 76
콩나물 77
큰개불알풀 16, 98
토마토 38
통통마디 103
튤립나무 잎 80, 100
파 77
파슬리 77
파프리카 77
팬지 76
팽이버섯 77
포인세티아 76
표고버섯 77
풀씨 60
프리지어 76

피라칸사스 열매 101
피망 77
피튜니아 76
할미꽃 98
해당화 36, 103
호두 101
호박 38, 101
화살나무 80
화살나무 열매 101
환삼덩굴 58, 75
회양목 48
회양목 잎 22, 100
흰민들레 54, 98
히말라야시다 잎 49

곤충, 거미류, 다지류

개미 18, 56, 65, 72, 99
개미집 52, 56
거미 34
거미집(거미줄) 52
게아재비 34, 99
꽃무지 65
나무쑤시기 65, 99
나방 63, 65, 99
나비 18
네발나비 64
노랑나비 26, 64
노린재 99
대벌레 51

매미 51, 65, 99
매미 허물 57, 72
메뚜기 18, 51, 72, 75, 99
모기 99
무당벌레 18, 99
물방개 34
반딧불이 63
방아깨비 18, 99
배추흰나비 64, 99
벌 18, 65, 99
벌집 52
사마귀 18, 51, 99
사슴벌레 65, 99

사슴풍뎅이 65, 99
소금쟁이 34, 99
수채(잠자리 애벌레) 34
애벌레 51, 72
여치 99
잠자리 18, 34, 75, 99
장수풍뎅이 65, 99
주홍날개꽃매미 99
파리 99
푸른부전나비 64
하늘소 51, 65, 99
하루살이 18, 34, 99
호랑나비 51, 64, 99

새

갈매기 90, 103
검은머리갈매기 102
검은머리물떼새 102
고방오리 32, 102
곤줄박이 50
괭이갈매기 32, 102
까마귀 50, 65, 89
까치 50, 90
까치집 52
넓적부리 102
논병아리 32, 102
댕기흰죽지 102
도요새 103
독수리 90
두루미 90, 94, 102
딱따구리 50, 72, 89
딱따구리집 52

딱새 50
멧비둘기 50, 90
물닭 102
민물가마우지 32, 102
박새 50
방울새 09
백로 50, 75, 90
백할미새 50, 75
붉은머리오목눈이 50
비둘기 65, 90
비오리 102
쇠기러기 102
쇠백로 102
쇠오리 32, 102
알락꼬리마도요 89
오목눈이 72
왜가리 32, 50, 75, 90, 102

원앙 90, 102
재두루미 102
저어새 92
제비 89
제비집 52
숭대백로 102
직박구리 50, 65, 80, 89
참새 50, 55, 65
청둥오리 32, 102
큰고니 102
큰오색딱따구리 90
혹부리오리 32, 102
황오리 102
황조롱이 50, 89
흰뺨검둥오리 30, 32, 89, 102, 103
흰죽지 102

포유류, 양서류, 파충류

개구리 34
고라니 91
고라니 발자국 91
곰 42
기린 42
너구리 85, 95
너구리 발자국 95
도롱뇽 51
멧토끼(산토끼) 91
멧토끼 발자국 91

반달가슴곰 91
반달가슴곰 발자국 91
붉은귀거북 34
사자 42
삵 91
삵 발자국 91
올챙이 34
원숭이 42
족제비 91
족제비 발자국 91

쥐구멍 52
청개구리 51
청설모 91
청설모 발자국 91
코끼리 42
토끼 42
펭귄 42
호랑이 42

 ## 어류, 조개류, 갑각류, 연체동물 및 기타

가리비 78
가자미 78
갈치 78
고등어 78
광어 78
꽁치 7
꽃게 78
낙지 78
농게 36, 103
달팽이집 52
대구 78
도미 78
따개비 103

말뚝망둥어 36, 103
문어 78
미역 78
바지락 78
밤게 103
방게 36, 103
새우 78
생태 78
서해비단고둥 103
소라 78
오징어 78
우렁이 34
장어 78

조기 78
주꾸미 78
칠게 36, 103
키조개 78
킹크랩 78
홍어 78

자연과 친해지는
사계절 자연 빙고

초판   1쇄 펴냄 2013년 5월 20일
개정판 1쇄 펴냄 2022년 10월 31일

기획   (사)자연의벗연구소
지은이   오창길
그린이   소노수정

펴낸이 고영은 박미숙
편집이사 인영아 | 책임편집 박경수
디자인 이기희 이민정 | 마케팅 오상욱 안정희 | 경영지원 김은주

펴낸곳 뜨인돌출판(주) | 출판등록 1994.10.11. (제406-251002011000185호)
주소 10881 경기도 파주시 회동길 337-9
홈페이지 www.ddstone.com | 블로그 blog.naver.com/ddstone1994
페이스북 www.facebook.com/ddstone1994 | 인스타그램 @ddstone_books
대표전화 02-337-5252 | 팩스 031-947-5868

ⓒ 2022 오창길, 소노수정

ISBN 978-89-5807-930-9 73400

> 어린이 제품 안전 특별법에 의한 제품 표시
> **제조자명** 뜨인돌어린이 **제조국명** 대한민국 **사용연령** 만 4세 이상